Un Corazón Afinado

Sergio Villanueva

Un Corazón Afinado

El arte de vivir como instrumentos vivos para la gloria de Dios

Sergio Villanueva

B&H
ESPAÑOL
BRENTWOOD, TENNESSEE

Índice

A mi esposa Rosita,
bello instrumento de la gracia de Dios para mí.

CAPÍTULO 1

Celo que consume

EL DÍA COMENZÓ CON UNA gran expectación. Familias enteras de distintas ciudades y regiones habían viajado a Jerusalén para participar de las ceremonias del gran día de adoración. Las calles estaban repletas de residentes y viajeros recién llegados de muchas partes: padres e hijos, grandes y chicos, todos se dirigían al templo con un corazón agradecido y dispuestos a presentar sus ofrendas a Dios.

Imaginemos por un momento que estamos en medio de esa multitud...

Imagínate el ruido y el bullicio,
el canto de los peregrinos,
las oraciones de los fieles,
las risas de los niños
y las voces de los mercaderes
atendiendo sus negocios afuera del templo.

Sin embargo, de repente, las voces de fiesta y regocijo se tornan en gritos de conmoción y desconcierto. Alguien está echando del lugar a los que compran y venden. Esa misma persona comienza a volcar con violencia las mesas de los que cambian el dinero extranjero por moneda local y a tumbar los puestos de los que venden palomas para la ofrenda.

Imagina que estás entre la multitud y escuchas muchas voces que se preguntan:

Pero ¿quién se ha atrevido a hacer semejante barbaridad?
¿Cómo se atreve a actuar así en un día sagrado como hoy?
¿Por qué en el santuario de Dios?

De pronto, entre alaridos de indignación y de reclamo, el clamor de una voz sobresale por encima de todas las otras voces:

«MI CASA SERÁ LLAMADA CASA DE ORACIÓN,

pero ustedes la están haciendo CUEVA DE LADRONES».[1]

Imagínate la sorpresa que todos se llevaron al darse cuenta de que el hombre que comenzó a volcar las mesas y correr a los mercaderes, ¡era nada menos que Jesús de Nazaret!

El mismo que hacía milagros y sanaba enfermos,
el mismo que recibía a los niños para bendecirlos,
el mismo que solo el día anterior había entrado en Jerusalén
montado en un burrito ante la aclamación de todo el pueblo.
Es ese Jesús el que ahora está causando tal conmoción
y revuelo.

Seguramente, muchos de los que habían oído sobre Él y otros que lo habían escuchado hablar y habían sido testigos de Sus milagros se preguntaban sin encontrar una respuesta:

---

[1] Mateo 21:13.

¿Por qué tendría que hacer Jesús algo así?

¿Por qué esas acciones tan radicales y ofensivas?

¿Por qué ese ímpetu?

¿Por qué ese celo?

Vayamos a la misma fuente de ese relato y escuchemos cómo Juan, testigo presencial de los hechos, lo relata:

La Pascua de los judíos estaba cerca, y Jesús subió a Jerusalén. En el templo encontró a los que vendían bueyes, ovejas y palomas, y a los que cambiaban dinero allí sentados. Y haciendo un látigo de cuerdas, echó a todos fuera del templo, con las ovejas y los bueyes; desparramó las monedas de los que cambiaban el dinero y volcó las mesas. A los que vendían palomas les dijo: «Quiten esto de aquí; no hagan de la casa de Mi Padre una casa de comercio».

Sus discípulos se acordaron de que estaba escrito: «EL CELO POR TU CASA ME CONSUMIRÁ». (Juan 2:13-17)

Nada de lo que hacía Jesús era un mero accidente o el simple resultado de dejarse llevar por las circunstancias. Nada era solo una reacción o un impulso descontrolado de Sus emociones. En realidad, Jesús hacía todo de manera consciente e intencional para la gloria de Dios y el bienestar del prójimo.

Jesús intervino de esa manera tan radical porque sabía que lo que se estaba haciendo en el templo de Dios no era lo que Dios merecía.

Al conocer un poco la historia detrás de las costumbres que el Señor estaba condenando, uno podría entender lo positivo de Su corrección. Muchos peregrinos venían de regiones lejanas, por lo que preferían cambiar sus monedas extranjeras y comprar los animales para los sacrificios de adoración afuera del templo mismo. Estamos hablando de algo que era aceptable porque era práctico, conveniente y facilitaba el proceso religioso que todos querían cumplir al venir a Jerusalén.

Es evidente que Jesús no está teniendo problemas necesariamente con el aspecto práctico del cambio de monedas y la compra de animales para el sacrificio afuera del templo. Su indignación radica en que conoce muy bien los corazones humanos. Jesús sabe que el corazón humano es tan engañoso que aquello que comienza a hacerse por conveniencia y hasta con buenas intenciones puede terminar convirtiéndose en profanación.

Jesús se indigna con aquellos que vendían palomas, ovejas y bueyes no por el hecho de venderlos, sino porque es muy probable que muchos lo vieran solo como un negocio que les permitía lucrar con las necesidades de aquellos que venían a realizar su ofrenda de adoración a Dios. Por eso los echa del templo.

Jesús se enfurece con aquellos que supuestamente prestaban un servicio a la comunidad, al facilitar el cambio de monedas a los que venían de regiones lejanas, pero que, en realidad, se aprovechaban de su necesidad para hacer ganancias injustas con el intercambio. A ellos les derriba sus mesas y les riega por el suelo todas las monedas por haber convertido en un negocio las cosas de Dios.

La indignación de Jesús es principalmente con aquellos que profanaban las cosas de Dios al hacer negocio con los más vulnerables. La ley de Dios menciona que a aquellos que eran pobres se les permitía traer como sacrificio al Señor palomas en vez de corderos (Lev. 14:21-22).

Jesús muestra una inmensa indignación con aquellos que se están aprovechando de los pobres, de los que venían con devoción a adorar a Dios, pero que, por sus bajos recursos, solo podían traer palomas como ofrendas. El Evangelio dice: «A los que vendían palomas les dijo: "Quiten esto de aquí..."».[2] Es precisamente a ellos —a los que se aprovechaban de la devoción de los pobres— a quienes se dirige para reclamarles: «No hagan de la casa de Mi Padre una casa de comercio».

EL CELO QUE NOS FALTA

Las acciones de Jesús son tan firmes y drásticas que les recuerdan a los discípulos un pasaje específico del libro de los Salmos: «el celo por Tu casa me ha consumido» (Sal. 69:9a). Es evidente que, para ellos, las acciones de Jesús no fueron solo un arrebato de locura, sino una señal espiritual sumamente clara.

La palabra «celo» se define como una sospecha o inquietud ante la posibilidad de que la persona amada nos reste atención en favor de otra. Cuando Jesús interviene de una manera tan firme, ciertamente lo hace en respuesta ante la injusticia cometida contra el pueblo de Dios, especialmente contra los más pobres y vulnerables, de quienes se aprovechaban de su devoción y fe genuina para sacar una ganancia monetaria egoísta e injusta.

Esto indigna terriblemente a Jesús.

Pero, también, Jesús interviene de esta manera tan radical como respuesta a la grandeza y dignidad del Dios que merece toda reverencia. Su actitud decidida busca interrumpir la maldad y corregir de manera radicalmente amorosa las ideas erróneas que este pueblo tenía sobre la adoración a Dios.

---

[2] Juan 2:16.

> **Al indignarse con tal intensidad
> contra aquellos que estaban convirtiendo
> en mercado los atrios del templo de Dios,
> Jesús prefiere ofender a los mercaderes
> irreverentes para honrar la santidad
> de la gloria de Dios, antes que ofender
> la santidad de Dios al dejar que los mercaderes se
> burlen al menospreciar irreverentemente
> la gloria de Dios.**

Ver a Jesús responder con tanto celo e indignación nos muestra que la manera en que nos acercamos a adorar a Dios es de suma importancia. También nos indica que la forma en que nos relacionamos con nuestro prójimo al venir a adorar a Dios es igualmente importante. Adorar a Dios no es un juego, ni mucho menos un negocio. Adorar a Dios es mucho más que asistir a un evento religioso; es más que un momento conveniente para mis emociones. Adorar a Dios es algo tan delicado que, al profanarse, enciende el celo y la indignación de Jesús.

La pregunta es: ¿cómo estamos adorando a Dios hoy?

EL CELO Y LA ADORACIÓN

Hace poco, fui a un lugar de comida rápida que suelo frecuentar. Después de hacer mi pedido y mientras esperaba que me lo trajeran, comencé a mirar mi reloj, y pronto surgieron estos pensamientos: *¿A qué hora van a traer mi pedido? ¿Por qué se están demorando tanto?*

¡La realidad era que apenas habían pasado como cuatro minutos! Pero en ese restaurante me atendían tan rápido que ya me había acostumbrado a tener mi comida lista en un par de minutos, y por eso, esperar dos minutos más me estaba desesperando. ¡Qué absurdo!

Es triste reconocerlo, pero esa es la realidad de los tiempos que vivimos. Estamos acostumbrados a tener todo rápido y al instante. El avance de la tecnología y las comodidades modernas han hecho que nos acostumbremos a experiencias de satisfacción inmediata. Además, la cultura contemporánea nos ha entrenado para que nuestra expectativa sea que toda experiencia debe ser para nuestro máximo disfrute y aprovechamiento personal. Es decir, todo tiene que ser inmediato, todo tiene que serme útil y todo tiene que ser a mi gusto.

Estoy convencido de que hemos transferido estas expectativas egoístas tan comunes a nuestra relación con Dios. Así, sin darnos cuenta, hemos convertido nuestra adoración en una experiencia de satisfacción inmediata, utilitaria y personalizable a nuestros gustos.

¿Cuántas veces evaluamos un momento de devoción a Dios —ya sea personal o comunitario— sobre la base de lo que me hizo sentir o no me hizo sentir en ese momento? ¿Sobre la base de si me puede ser útil o no? ¿Sobre la base de mis gustos o preferencias?

Solemos pensar casi de inmediato:

El sermón de hoy fue bueno, pero me habría gustado que el pastor hubiera sido más ameno.

Esa canción que cantaron hoy en el servicio no me gusta mucho; prefiero las que cantaban antes. Esas me hacían sentir mejor.

Últimamente, he dejado de orar, porque no siento que Dios me escucha, ni que me da lo que yo le pido.

Nuestro problema radica en que no nos damos cuenta de que, al venir a adorar a Dios, el carácter de nuestra ofrenda revela cuál es la verdadera postura de nuestro corazón delante de Dios. Es lo mismo que le pasó a Caín cuando trajo como ofrenda a Dios algunos frutos de la tierra; mientras que Abel, su hermano, trajo lo primero y lo mejor de sus ovejas. La Biblia dice que «el SEÑOR miró con agrado a Abel y a su ofrenda, pero no miró con agrado a Caín y a su ofrenda» (Gén. 4:4-5). Y es que, antes de mirar la ofrenda, Dios mira la vida y el corazón del que ofrenda.

Tenemos que reformular y profundizar la definición de adoración porque, desde el punto de vista bíblico, se trata de la respuesta expresada que se desborda del corazón ante el reconocimiento del valor, la belleza y la grandeza de aquello que adoramos.

Caín todavía no se había acercado a Dios para presentar su ofrenda, pero su corazón ya había determinado cuán valioso, asombroso y hermoso era Dios para él. Abel también había hecho una valoración semejante de antemano. Sus ofrendas solo manifestaron cuánto sus corazones apreciaban y valoraban al Dios que iban a adorar.

Caín trajo algo de sus frutos. Abel trajo lo primero y lo mejor. El carácter de nuestra ofrenda presentada, al venir a adorar a Dios, revela cuál es la verdadera postura de nuestro corazón delante de Dios. Nuestro problema es que hemos sustituido el ofrendarle a Dios lo primero y lo mejor, para ofrendarle algo que para nosotros es más exitoso y popular, aquello que es más agradable y más conveniente, o que es muy espectacular y mucho más divertido.

Ninguno de estos elementos es malo en sí mismo. Dios no está en contra de algo agradable, exitoso o conveniente. Pero cuando dejamos que eso se interponga y se vuelva primordial en nuestro corazón, entonces dejamos que se nuble nuestra visión y perdemos de vista aquello que es realmente esencial.

Estos tiempos en que vivimos son tan confusos y superficiales que pareciera que adorar a Dios tiene más que ver con que la gente pase un rato entretenido, grato y lleno de positivismo que con acercarnos juntos al Creador, Redentor y Soberano del universo con asombro, profunda reverencia y con la expectativa de ser transformados por Su amor, poder y gloria.

Nuestro gran error es que hemos permitido que los valores del mundo penetren y sean como los mercaderes del templo, que buscan ganancias de nuestra adoración. No podemos permitir que la cultura narcisista del consumismo y la autogratificación, en medio de la cual nos movemos, termine por moldear y definir nuestro entendimiento y nuestras prácticas al momento de presentar a Dios nuestra ofrenda de adoración.

Si no somos cuidadosos, nosotros mismos podemos estar pareciéndonos a aquellos que negociaron sus ofrendas de adoración en el templo por conveniencia, o quisieron sacar un provecho egoísta de aquellos que buscaban adorar a Dios con sinceridad.

Tengamos cuidado, porque Jesús podría aparecer de repente para volcar las mesas donde pretendemos tener los «elementos» de nuestra adoración para arrojarlos por los suelos.

EL CELO Y LA REVERENCIA

Mi familia y yo tuvimos la oportunidad de recorrer un famoso buque de guerra de la marina norteamericana hace algunos años. Se nos presentó la oportunidad de recorrer el enorme barco por nuestra cuenta o tener un guía que podía explicarnos las diferentes particularidades de la nave. Un grupo prefirió seguir por su cuenta, pero nosotros optamos por seguir al guía. Se trataba de un veterano de guerra que hizo un excelente trabajo al llevarnos por las diferentes áreas del barco y explicarnos las diferentes funciones de cada sección. En la cubierta del barco, había una enorme y llamativa placa conmemorativa. Nuestro guía comenzó a explicarnos que ese sitio marcaba el lugar exacto donde se había firmado la declaración de rendición del ejercito japonés ante las Fuerzas Aliadas que dieron fin a la horrible y catastrófica Segunda Guerra Mundial.

Cuando este hombre comenzó a describir con tanta pasión y lujo de detalles lo significativo del lugar en el que estábamos parados, el ambiente cambió de inmediato y se volvió sobrio y contemplativo. Este veterano de guerra nos contó, con voz entrecortada y ojos llorosos, que estábamos parados sobre la sangre de muchos que dieron sus vidas peleando para que las Fuerzas Aliadas pudieran obtener la victoria final, incluidos muchos de sus amigos y compañeros queridos con los cuales combatió.

En medio de ese momento tan conmovedor, pude notar que un grupo grande de personas que habían optado por recorrer el barco sin guía había llegado a la misma área donde estábamos, caminaban de manera informal, hablaban casi gritando entre ellos y se tomaban fotografías y selfis al lado de la placa conmemorativa. Ellos eran indiferentes al momento tan solemne que experimentaba nuestro grupo y, sin percatarse de lo que sucedía, se marcharon con la misma rapidez con la cual llegaron.

Me sentí tan indignado por la falta de respeto de este segundo grupo que salí meditando en lo sucedido. No tardé mucho en darme cuenta de que lo que marcó la diferencia en el comportamiento de ambos grupos era la enorme importancia de conocer la historia detrás del evento. El segundo grupo entró bajo sus propios términos y solo fueron guiados por su observación personal y sus limitadas percepciones y conocimiento del momento y el lugar. La razón por la cual nuestro grupo pudo responder con respeto y solemnidad es porque alguien nos dio a conocer y explicó la historia del lugar que visitábamos. Fuimos confrontados con la realidad y la magnitud del evento que allí había acontecido. Esa experiencia me hizo reflexionar con respecto a la realidad de la iglesia y de muchísimos creyentes. Me entristece pensar que muchas iglesias no se toman el tiempo, la dedicación y el cuidado para contar y proclamar con conocimiento, profundidad y pasión la mayor historia de valentía, heroísmo, amor, misericordia, juicio y salvación que jamás el hombre haya podido escuchar: la historia del evangelio. En el contexto de la adoración a Dios, a esa actitud superficial, distante e ignorante se la conoce como falta de reverencia.

Nuestros servicios pueden ser eventos magníficos en muchos sentidos, pero si el pueblo no conoce ni valora la historia detrás del evento, cada uno terminará asistiendo a nuestras reuniones y servicios enfocado en sí mismo, buscando una experiencia personal conveniente, solo buscando acercarse a la cruz para tomarse una selfi al lado de Jesús y llevarse un bonito sentir en el alma, pero sin haber sido impactado y transformado con el poder redentor y santificador de la historia del evangelio y la gloria de Dios.

¡La reverencia importa!

Importa porque es un indicativo de cuánto amamos esa historia.

Importa porque mi conveniencia podría llevarme al egoísmo.

Importa porque mis preferencias podrían llevarme al individualismo.

Importa porque produce un celo santo por Dios y Su gloria.

EL CELO QUE SALVA

Está probado que la música está estrechamente conectada con nuestra memoria. Nuestro cerebro tiene la capacidad de escuchar una pieza musical o una canción y de inmediato transportarnos mentalmente al momento específico cuando escuchábamos esa canción y recordarnos los acontecimientos y hasta los pensamientos que rodeaban ese momento. Lo opuesto también es verdad, porque un acontecimiento específico puede recordarnos cierta canción.

Eso es justamente lo que sucedió cuando Jesús volcó las mesas de los vendedores afuera del templo y Su acción les recordó a los discípulos una canción: el Salmo 69. El versículo 9 de ese salmo dice:

Porque el celo por Tu casa me ha consumido,

Y los insultos de los que te injurian han caído sobre mí.

(Sal. 69:9)

La primera línea de este versículo, «el celo por Tu casa me ha consumido», es muy significativa porque, como hemos mencionado, la reverencia que Jesús tenía por la presencia de Dios era tan grande que se manifestaba en un celo por el lugar donde Dios manifestaba Su gloria.

Pero la segunda línea del versículo, «los insultos de los que te injurian han caído sobre mí» es igualmente importante y muy significativa, porque es mencionada por el apóstol Pablo en la carta a los romanos:

Pues ni aun Cristo se agradó a Él mismo; antes bien, como está escrito: «LOS INSULTOS DE LOS QUE TE INJURIABAN CAYERON SOBRE MÍ». (Rom. 15:3)

Cuando Pablo escribe esta frase a los romanos, está recordándoles que el llamado de Dios es a que sobrellevemos las flaquezas de los débiles y que no nos agrademos a nosotros mismos. Esto deja en claro que Dios sabía que éramos débiles y egoístas, que nuestra propia devoción y celo no nos alcanzan para presentar a Dios una ofrenda digna de Su nombre. Por eso Dios envió a Jesús, y Él no se agradó a sí mismo, sino que buscó el bienestar de Su prójimo y defendió a los débiles, se levantó en contra de aquellos que se aprovechaban de su prójimo en el nombre de Dios y nos mostró lo que es tener verdadero celo por Dios, al mostrarnos lo que es la verdadera reverencia.

Cuando Jesús fue a la cruz,
los insultos de aquellos que lo injuriaban cayeron sobre Él.
los pecados de nosotros, los irreverentes, cayeron sobre Él.
En la cruz, el celo por la gloria de Dios lo consumió,
y al ser consumido, murió en mi lugar,
para darme vida eterna y la oportunidad de conocerlo y adorarlo.

La reverencia importa.
Porque la reverencia a Dios produce celo,
y el celo de Dios consume.
Que, así como consumió a Jesús, también consuma mi vida,
con una indignación santa por la gloria de Dios,
con un amor tierno por los más pequeños y vulnerables,
con un amor misericordioso por aquellos que traen sus humildes
    ofrendas de adoración,
con un amor radical por aquellos que buscan hacer negocio con
    la gloria de Dios.
Que, así como Jesús los amó,
así como fue a la cruz para salvar aun a aquellos que lo insultaban,
mi vida sea una ofrenda de reverencia.
¡Que arda con un celo santo por Su gloria!

CAPÍTULO 2

Sinfonía
de adoración

...todo ha sido creado por medio
de Él y para Él.
Colosenses 1:16

SIEMPRE HE ADMIRADO EL TRABAJO que realizan los directores de orquestas sinfónicas, porque sus habilidades sobrepasan el terreno de lo musical. Aparte de ser músicos excepcionales y tener un oído altamente desarrollado para poder identificar todas las notas y los sonidos, también deben poseer una habilidad impresionante para dirigir a todos los músicos, unificando la música de todos los instrumentos con el arte de todos los intérpretes para así crear una obra coherente, armoniosa y placentera.

Un buen director de orquesta se muestra cuidadosamente atento al sonido de cada instrumento, pero a la vez está totalmente comprometido con el desempeño de toda la orquesta en conjunto. Los movimientos de su batuta unifican la ejecución de la pieza y son a la vez una muestra muy expresiva de que el director disfruta apasionadamente la música que él mismo conduce, pero que toda la orquesta interpreta.

Me inspira observar a un director de orquesta en plena ejecución de una sinfonía y me hace pensar en Dios como el sublime Conductor de la gran sinfonía universal de adoración que toda la creación interpreta. La Palabra de Dios nos habla de esta clara realidad de que todo en el universo fue creado para rendir al Creador la gloria y adoración que solo Él merece. El salmista afirma:

Los cielos proclaman la gloria de Dios,
Y el firmamento anuncia la obra de Sus manos.
Un día transmite el mensaje al otro día,
Y una noche a la otra noche revela sabiduría.
No hay mensaje, no hay palabras;
No se oye su voz.
Pero por toda la tierra salió su voz,
Y hasta los confines del mundo sus palabras.
(Sal. 19:1-4)

El apóstol también declara en adoración:

Porque en Él fueron creadas todas las cosas, tanto en los cielos como en la tierra, visibles e invisibles; ya sean tronos o dominios o poderes o autoridades; todo ha sido creado por medio de Él y para Él. (Col. 1:16)

La idea que estos textos inspirados nos ilustran es que, si la adoración a Dios fuera una sinfonía, entonces Dios como Creador supremo sería el gran Director de la orquesta y Él mismo sería, a su vez, el Autor y Compositor de dicha composición.

Tengo amigos que son maestros de música y directores de orquesta. Ellos me han enseñado que una sinfonía es una obra musical compuesta para orquesta que se divide en un determinado número de *movimientos* o *secciones musicales* con características definidas. Una sinfonía suele constar de cuatro movimientos, como la famosa quinta sinfonía de Beethoven, aunque hay algunas que pueden llegar a tener hasta cinco movimientos.

Quisiera invitarte a considerar lo que a mi parecer son distintos elementos o movimientos que la Palabra de Dios nos va mostrando a lo largo de todas sus páginas y que forman parte de esta sinfonía infinita y universal que conocemos como la adoración a Dios.

PRIMER MOVIMIENTO: REVELACIÓN

Las primeras palabras que leemos en toda la Biblia afirman: «En el principio Dios...» (Gén. 1:1). La historia de la creación del mundo según las Escrituras comienza con Dios y por eso también adorar a Dios siempre comienza con Dios mismo. Pareciera que hablar de adoración a Dios en la actualidad fuera sinónimo exclusivo del tipo de música que usamos para cantar al Señor durante nuestros servicios. Aunque cantar a Dios es una parte integral de nuestro culto de adoración, adorar en todo el sentido de la palabra implica mucho más que tipos de música.

La Escritura muestra la adoración a Dios como la respuesta del ser humano ante *la revelación de Dios*. Este primer movimiento no podría comenzar de otra manera. Empieza con la revelación de la gloria de Dios, porque la adoración siempre tendrá como punto de partida a Dios mismo revelando Su nombre, santidad, carácter y propósitos.

La adoración siempre tendrá como punto de partida a Dios mismo revelando Su nombre, santidad, carácter y propósitos.

Dios mismo revela Su gloria a Moisés en el monte Sinaí y fue el mismísimo Dios quien proclamó:

«El Señor, el Señor,
Dios compasivo y clemente,
lento para la ira y abundante en misericordia y verdad».
(Ex. 34:6)

El versículo menciona la respuesta natural ante la revelación misma de Dios:

Moisés se apresuró a inclinarse a tierra y adoró. (Ex. 34:8)

Es muy importante que consideres que la respuesta de adoración de Moisés comenzó con la revelación de la gloria de Dios, porque toda respuesta de adoración siempre comenzará con la revelación de Dios mismo; es decir, Dios siempre toma la iniciativa y revela al ser humano Su gloria, atributos, carácter, nombre o Sus propósitos. Cuando el ser humano responde en adoración apropiadamente ante la grandeza inconmensurable de esa revelación, entonces adorará (en el próximo capítulo veremos esto más a fondo).

El salmista comienza describiendo a Dios y Su gloria en otro cántico:

¡Oh Señor, Señor nuestro,
Cuán glorioso es Tu nombre en toda la tierra...!
(Sal. 8:1)

Luego describe cómo es que el ser humano responde en admiración y reverencia y reconoce su pequeñez y que nada se compara con la gloria desplegada por Dios mismo:

Cuando veo Tus cielos [...] Digo:
¿Qué es el hombre para que te acuerdes de él...?
(Sal. 8:3-4)

Dios siempre revela Su gloria a Su creación, y Su creación siempre deberá responder en adoración ante la grandeza de esa revelación. Nadie podría quedarse simplemente pasivo ante la majestuosidad de la revelación de Dios.

La sublime visión del profeta Isaías ante el trono de Dios también comienza con Dios y Su gloria:

... vi yo al Señor sentado sobre un trono alto y sublime, y la orla de Su manto llenaba el templo. Por encima de Él había serafines [...]. Y el uno al otro daba voces, diciendo:

«Santo, Santo, Santo, es el Señor de los ejércitos,
Llena está toda la tierra de Su gloria». (Isa. 6:1-3)

Dios revela Su gloria magnífica y otra vez podemos observar cómo el hombre responde a esta manifestación gloriosa con convicción y arrepentimiento:

«¡Ay de mí! Porque perdido estoy,
Pues soy hombre de labios inmundos
Y en medio de un pueblo de labios inmundos habito,
Porque mis ojos han visto al Rey, el Señor de los ejércitos».
(Isa. 6:5)

El profeta termina finalmente con una respuesta de consagración:

«Aquí estoy; envíame a mí».

(Isa. 6:8)

Estas respuestas de admiración, reverencia, arrepentimiento y consagración que vemos en Moisés e Isaías son respuestas naturales que cualquier ser humano expresaría ante la revelación de la gloria de Dios. Todas son expresiones de adoración. Dan Block, en su libro *For the Glory of God* [A Dios sea la gloria], enfatiza que «la verdadera adoración es un acto de sumisión reverente delante del Dios soberano en respuesta a la amorosa revelación de sí mismo».[1] La adoración siempre ha sido y siempre será la primera respuesta necesaria a la revelación y proclamación de la gloria de Dios. El Señor revela Su gloria a Su creación, y toda Su creación responde adorando ante la grandeza de esa revelación.

Ron Man describe que la adoración tiene un patrón:

El patrón de revelación y respuesta es característico de todo trato de Dios con el hombre. Y el orden de estos dos elementos es enormemente significativo, porque habla de la iniciativa que Dios toma, y hasta dónde Él llega, para entablar una relación con aquellos a quienes ha escogido.[2]

Este patrón de revelación divina-adoración humana es como el ritmo de toda la sinfonía:

1. Dios revela Su gloria.
2. Nosotros respondemos en adoración.

---

[1] Daniel I. Block, *For the Glory of God: Recovering a Biblical Theology of Worship* (Grand Rapids, MI: Baker Academic, 2014), edición para Kindle, ubic. 766.
[2] Ron Man, «Revelation and Response», Worship Notes, vol. 1, n.º 5, mayo de 2006.

Esto se repite una y otra vez... infinitamente.

El orden de este patrón bíblico de adoración nunca debe ser alterado, así como no pueden alterarse los ritmos de una sinfonía sin hacer que se pierda su carácter y melodía. Cambiarlo nos llevaría a tener una adoración errónea centrada en los humanos y no centrada en Dios.

Cuando seguimos este primer movimiento desde la revelación de la Palabra de Dios, entonces será una adoración centrada en Dios, en donde primero contemplamos a Dios *revelando* Su gloria, nombre, carácter y propósitos de salvación. De inmediato nosotros *respondemos* ante Dios en admiración, convicción, reverencia u obediencia. Sin embargo, en una adoración centrada en el hombre, el patrón se invierte y nosotros nos acercamos a Dios para *revelarle* primero nuestras necesidades, inquietudes, deseos y peticiones, para entonces esperar que Dios pueda *respondernos* con bendiciones, milagros, dádivas o favores.

Adoración centrada en Dios	=	El Señor revela Su gloria y los humanos respondemos en reverencia y convicción.
Adoración centrada en el ser humano	=	El ser humano revela sus anhelos y espera que Dios responda con bendiciones.

No me malentiendan. Esto no significa que no podamos venir a Dios con nuestras necesidades y peticiones. ¡De ninguna manera! Jesús mismo nos enseñó a hacerlo, pero aun Jesús, al enseñar a Sus discípulos a orar, comienza la oración del Padre Nuestro poniendo a Dios, Su nombre y Su gloria primero que todo:

«Padre nuestro que estás en los cielos,

Santificado sea Tu nombre.

Venga Tu reino. Hágase Tu voluntad,

Así en la tierra como en el cielo».

(Mat. 6:9-10)

Luego de que hemos reconocido a Dios en adoración, entonces a continuación expresamos nuestra dependencia de Dios y le pedimos humildemente por nuestras necesidades:

«Danos hoy el pan nuestro de cada día.

Y perdónanos nuestras deudas [...].

Y no nos dejes caer en tentación, sino líbranos del mal».

(Mat. 6:11-13)

Nunca debemos olvidar que la adoración a Dios comienza siempre en Dios, no en nosotros. Tener ese principio siempre presente nos llevará a mantener una actitud de constante reverencia y asombro ante Su gloria.

SEGUNDO MOVIMIENTO: RELACIÓN

Nuestro Dios no nos creó para gobernar sobre nosotros de forma arbitraria, ni tampoco para demandar por la fuerza que le rindamos adoración. La Palabra es enfática al mostrarnos que Dios nos creó para vivir en una comunión agradable con Él. Su voluntad siempre ha sido relacionarse con Su creación. Dios tenía una relación tan cercana con Adán y Eva antes de la desobediencia, que la Biblia dice que Dios se paseaba por el huerto y entablaba conversación con ellos (Gén. 3:8).

Pablo escribe en su carta a los efesios que Dios nos escogió desde antes de la fundación del mundo para que fuéramos suyos y que nos amó de tal manera que nos predestinó para adoptarnos como Sus hijos. Todo esto lo hizo conforme a la buena intención de Su voluntad porque ese fue Su deseo (Ef. 1:4-6). En otras palabras, no es que Dios quiso entrar en relación con nosotros para que pudiera tener un pueblo que lo adorara. Pablo enfatiza que Dios nos creó porque simplemente quiso crearnos y simplemente nos amó porque quiso amarnos.

Eso es precisamente lo que él quería hacer, y le dio gran gusto hacerlo. (Ef. 1:5b, NTV)

Marcos nos relata el momento en que Jesús escogió y llamó a Sus doce discípulos para que lo siguieran. Es interesante notar cómo el autor del Evangelio nos muestra una intencionalidad muy clara de parte de Jesús hacia Sus discípulos:

Después Jesús subió al monte, llamó a los que Él quiso, y ellos vinieron a Él. Designó a doce, *para que estuvieran con Él* y para enviarlos a predicar, y para que tuvieran autoridad de expulsar demonios. (Mar. 3:13-15, énfasis añadido)

Jesús los llamó para que estuvieran con Él y luego para enviarlos a predicar. Así como los primeros discípulos, todos los que hoy somos discípulos de Jesús estamos llamados a estar con Él, antes del llamado a ir a servirle.

**Disfrutar Su comunión
y estar en relación con Él
es nuestro llamamiento primordial.**

David Peterson describe esta verdad con las siguientes palabras: «La adoración del Dios vivo y verdadero consiste esencialmente en entrar en una *relación* con él en los términos que él propone y en la forma que solo él hace posible».[3]

Nosotros somos el pueblo de Dios que vive para exaltar Su gloria y proclamar Su belleza, pero no como quienes desean cumplir con una serie de ritos y costumbres religiosas fríos e indiferentes a nuestros afectos y desconectados de una realidad eterna. Adoramos con todo el corazón porque reconocemos que Dios, el Ser más valioso y magnífico, nos ha creado para vivir en comunión con Él. Por lo tanto, estar en relación con Dios y disfrutar de esa comunión con Él toma prioridad por sobre todas las cosas.

Sin embargo, nos topamos con un problema: ¿Cómo podemos tener comunión con un Dios santo cuando nosotros somos seres pecadores y ese pecado ha dañado nuestra relación con Dios?

TERCER MOVIMIENTO: REDENCIÓN

Hasta ahora, hemos visto que Dios nos ha creado para adorarlo y para estar en relación con Él, pero ninguno de nosotros podrá adorarlo hasta que no solucionemos lo que nos estorba e impide entrar en relación con Él. Volvamos al comienzo de la historia humana registrada en las Escrituras. Después de que Adán y Eva pecaron y cuando Dios se paseaba por el huerto, el libro del Génesis nos dice que ellos tuvieron miedo y trataron de esconderse de la presencia de Dios (Gén. 3).

El pecado del ser humano ha dañado su relación con Dios; de hecho, la ha truncado por completo. Nuestra desobediencia nos ha privado de Su comunión porque hemos ofendido a Dios con nuestro pecado. Requerimos ser liberados de la esclavitud al pecado y

---

[3] David Peterson, *En la presencia de Dios,* Editorial Andamio, edición para Kindle, 20.

solamente la reconciliación podría lograr la paz que nos trajera de vuelta a la presencia de Dios. Para restaurar nuestra relación con Él se requiere de una obra de redención y reconciliación que solo puede darse a la manera de Dios.

Así como Dios tomó la iniciativa para revelar Su gloria, también fue tan misericordioso que tomó la iniciativa de reconciliarnos y redimirnos con Él. Volviendo a la historia de Adán y Eva, el Génesis nos cuenta que fue Dios quien tomó la iniciativa y proveyó pieles de animales para cubrir la desnudez de Adán y Eva después de su pecado (Gén. 3:21). Fue Dios quien tomó la iniciativa y estableció un sistema de sacrificios para que el pueblo se acercara a Él con ofrendas de expiación para lograr el perdón y borrar la culpa (Ex. 32:30). Dios tomó la iniciativa y llamó y preparó a quienes vendrían a ser sacerdotes para que guiaran al pueblo a traer sus ofrendas y sacrificios por el pecado (Lev. 30:10). Esa misma iniciativa divina estableció un plan soberano para enviar a Su Hijo Jesucristo para que fuera la ofrenda de expiación perfecta y máxima para obtener la liberación del pecado y la reconciliación de una vez y para siempre (Rom. 3:25). La Escritura dice que solo Cristo nos reconcilia:

> Y todo esto procede de Dios, quien nos reconcilió con Él mismo por medio de Cristo... (2 Cor. 5:18)

También el Señor afirma que solamente por la sangre de Cristo podemos acercarnos para adorar:

> Entonces, hermanos, puesto que tenemos confianza para entrar al Lugar Santísimo por la sangre de Jesús... (Heb. 10:19)

No puede haber una verdadera comunión con Dios sin expiación, porque el pecado del ser humano mantiene a todos los hombres y mujeres alejados de la presencia de Dios. No puede haber una verdadera adoración sin redención, porque únicamente después de que el ser humano ha sido perdonado y reconciliado por Dios puede ofrecer una ofrenda aceptable de adoración a Él.

Cada vez que tengo la oportunidad de compartir con equipos de alabanza y con aquellos que tienen la responsabilidad de dirigir tiempos de adoración en sus iglesias locales, siempre deseo enfatizarles que no es posible concebir un servicio de adoración donde aquellos que no creen en Cristo puedan salir de la reunión pensando sinceramente que adoraron al Dios vivo. La invitación a venir a adorar siempre estará presente para todos, pero debemos ser claros y entender que, a menos que confesemos primero arrepentimiento y fe en Cristo, no podremos venir a adorar a Dios como corresponde.

Permíteme explicarte la afirmación anterior con un ejemplo sencillo: Cualquier hombre, sin importar quién sea, podría reconocer que mi esposa es una mujer linda, con cualidades y virtudes evidentes que son dignas de admirar. Cualquier persona podría elogiarla con respeto. Pero solamente yo, y nadie más, puede hablarle cariñosamente al oído para decirle que la ama. La razón por la que puedo dirigirme a ella con ese sentido de intimidad es que llevo un anillo, el cual es símbolo del pacto matrimonial que hicimos ante Dios.

De la misma manera, cualquier persona, sea creyente o no, puede *alabar a Dios*. Cualquier persona que contempla un hermoso atardecer puede exclamar: «¡Qué bella es la creación!». Con esa expresión está alabando a Dios, porque todo ser humano tiene la capacidad de reconocer el poder y la grandeza del Creador. Sin embargo, para *adorar a Dios* es necesario estar en comunión con Él y eso solo es posible a través del nuevo pacto que Jesús estableció con Su vida, muerte y resurrección.

El escritor de Hebreos llama a la iglesia a ofrecer continuamente un sacrificio de alabanza a Dios *por medio de Jesucristo* (Heb. 13:15, NVI). El mensaje de redención anunciado en el evangelio debe de ser central en nuestro entendimiento de lo que es la verdadera adoración, porque no hay manera de presentarnos delante de Dios para adorarlo si no es a través de nuestro Redentor y Mediador Cristo Jesús.

CUARTO MOVIMIENTO: RESPUESTA

La mayoría de las veces, comenzamos a hablar del tema de adoración en este punto de referencia al que he denominado como el cuarto movimiento: nuestra respuesta. Ya he mencionado que muchos debates y discusiones comienzan cuando invertimos el orden del patrón de adoración. Esto sucede porque nos concentramos solamente en nuestra respuesta y así corremos el riesgo de que sean estilos, gustos, preferencias, costumbres o tradiciones y no la Palabra de Dios lo que nos dicte lo que debe ser la adoración.

Las Escrituras nos enseñan que esta respuesta en adoración es el resultado natural de haber sido redimidos por la gracia y la misericordia de nuestro Dios:

> Por tanto, hermanos, les ruego por las misericordias de Dios que presenten sus cuerpos como sacrificio vivo y santo, aceptable a Dios, que es el culto racional de ustedes. (Rom. 12:1)

Las palabras de Pablo nos permiten entender que toda nuestra vida es ahora una ofrenda viva de alabanza y gratitud a Dios por medio de Cristo. Adoramos a Dios cuando buscamos Su rostro en lo secreto de nuestro tiempo devocional y también cuando nos reunimos como pueblo de Dios para exaltarlo, pero también adoramos a Dios cuando:

- Amamos y cuidamos a nuestra familia.
- Honramos y respetamos a nuestras autoridades.
- Apreciamos y cuidamos la naturaleza como creación de Dios.
- Atendemos nuestras responsabilidades como ciudadanos.
- Cumplimos con nuestros deberes cotidianos en el trabajo o en la escuela con integridad, esmero y excelencia.
- Creamos arte que refleje la verdad y la belleza de Dios.
- Confesamos con nuestra vida, acciones y palabras que Jesucristo es el Señor.

D. A. Carson define la adoración como «la *respuesta apropiada* de todos los seres morales ante Dios, dando todo el honor y la gloria a su Dios-Creador precisamente porque Él es deleitosamente digno».[4] Por su parte, Warren Weirsbe señala que «la adoración es la *respuesta de los creyentes* con todo lo que son —mente, emociones, voluntad, cuerpo— a lo que Dios es, dice y hace».[5]

Jesús dijo que el Padre busca adoradores que adoren en espíritu y en verdad (Juan 4:24). Si nuestra adoración brota de un espíritu que ha sido regenerado y santificado por el Espíritu de Dios y se mantiene anclada en la verdad revelada de la Palabra de Dios, entonces podemos confiar en que nuestra respuesta es en espíritu y verdad, y por encima de estilos, gustos o preferencias personales. Si entendemos esto, nos daremos cuenta de que la manera en

---

[4] Donald A. Carson, *Worship by the Book* (Grand Rapids, MI: Zondervan, 2002), edición para Kindle, ubic. 766.

[5] Warren Weirsbe, *Real Worship* (Grand Rapids, MI: Baker Books, 2000), 26.

que vivimos nuestra vida será nuestra mayor respuesta de adoración a Dios.

QUINTO MOVIMIENTO: RE-CREACIÓN

Así como nuestra adoración a Dios no comienza en nosotros, el efecto de la adoración a Dios tampoco termina en nosotros. Aunque somos inmensamente bendecidos cuando contemplamos y adoramos a Dios, Su bendición hacia nosotros no es para que la recibamos, la disfrutemos y simplemente se quede en nosotros. Por el contrario, el efecto de la adoración a Dios que redunda en conocerlo más y haber estado en Su presencia se extiende más allá de nosotros mismos y nos permite ser de bendición a muchos.

Cuando Jesús se encuentra junto al pozo con la mujer samaritana y le habla del agua viva que solo Él puede darle, después de conversar sobre la verdadera adoración y de revelarse a ella como el Mesías, la mujer deja su cántaro y va a los suyos a decirles que ha encontrado al Mesías (Juan 4).[6]

Los adoradores queremos vivir con la profunda convicción de que la extensión del reino de Dios mediante la proclamación de Su evangelio de salvación no solo es una parte importante de nuestra adoración a Dios, sino que es el fruto natural de nuestra respuesta de adoración a Dios. Pablo enfatiza este punto con las siguientes palabras:

> Y todo esto procede de Dios, quien nos reconcilió con Él mismo por medio de Cristo, *y nos dio el ministerio de la reconciliación.* (2 Cor. 5:18, énfasis añadido)

---

[6] Veremos más de esto en el capítulo 5.

Debemos reconocer que nuestra adoración a Dios no termina cuando dejamos de cantar o cuando terminamos de hacer nuestro devocional, sino que abarca toda nuestra vida. Nunca debemos olvidar que el propósito de Dios es que Su evangelio sea predicado en todo lugar y que hagamos discípulos en todas las naciones, para así poder decir como el salmista:

> Dios tenga piedad de nosotros y nos bendiga,
> Y haga resplandecer Su rostro sobre nosotros, *(Selah)*
> Para que sea conocido en la tierra Tu camino,
> Entre todas las naciones Tu salvación.
> Te den gracias los pueblos, oh Dios,
> Todos los pueblos te den gracias.
> (Sal. 67:1-3)

Cada uno de estos movimientos es una parte importante e imprescindible de la gran sinfonía de adoración a Dios. En los próximos capítulos, nos adentraremos en las implicaciones que cada uno de esos movimientos tiene en nuestra vida.

CAPÍTULO 3

Gloria incontenible

*«...porque nadie puede ver mi rostro
y seguir viviendo».*
<small>ÉXODO 33:20, RVC</small>

EN LAS AFUERAS DE ALGÚN estadio o auditorio, solemos encontrar grupos de admiradores a la espera de su cantante o banda favorita. Durante un largo tiempo, estos aficionados esperan con mucha paciencia el encuentro anhelado, listos para tomarse una fotografía o pedir un autógrafo. Es muy común observar cómo un fan se queda «deslumbrado» y sin palabras ante la presencia repentina y cercana de su ídolo.

La presencia imponente de aquel a quien uno admira puede producir un asombro tal que uno no sabe cómo responder de forma adecuada. En otras palabras, la gloria de quien admiramos nos llena de asombro.

Multiplica esa respuesta a la infinita potencia. Imagínate que por un momento pudieras estar cara a cara frente a Dios. ¿Cómo responderías?

El deseo de Dios siempre fue darse a conocer a Su pueblo. No solo a través de Moisés, sino que todo Su pueblo pudiera conocer Su carácter y contemplar Su gloria. Dios le indica a Moisés que le diga al pueblo que ellos son Su especial tesoro entre todos los pueblos y que Él quiere hacer de ellos un reino de sacerdotes y una nación santa (Ex. 19:5-6).

Luego, Dios lleva al pueblo al pie del monte, le habla a Moisés y le da a conocer Sus mandamientos (Ex. 20). Pero algo sucede...

Ante ese espectáculo de la montaña envuelta en humo, de truenos y relámpagos y de sonidos de trompeta, los israelitas temblaron de miedo y se mantuvieron a distancia. Por eso le suplicaron a Moisés:

«Habla tú con nosotros y escucharemos, pero que no hable Dios con nosotros, no sea que muramos». Moisés respondió al pueblo: «No teman, porque Dios ha venido para ponerlos a prueba, y para que Su temor permanezca en ustedes, y para que no pequen». El pueblo se mantuvo a distancia, mientras Moisés se acercaba a la densa nube donde estaba Dios. (Ex. 20:19b-21)

Dios quería revelar Su gloria al pueblo, pero el pueblo se negó a recibirla. Preferían que fuera Moisés quien tomara ese riesgo y tuviera ese encuentro con Dios, mientras ellos se mantenían lejos.

PESO DE GLORIA

La gloria de Dios no se puede definir con facilidad. De hecho, el pastor John Piper menciona que es prácticamente imposible, porque tratar de definir la palabra «gloria» es como tratar de definir la palabra «belleza»[1]. Sería mucho más fácil, por ejemplo, definir una pelota y simplemente decir que es redonda, hecha de cuero y goma, inflable, de algunos centímetros de diámetro y que se usa para jugar un deporte en particular. Pero no podemos hacer lo mismo con la palabra *belleza*. Todos sabemos que la belleza existe, pero la razón por la

---

[1] Del mensaje «To Him Be Glory Forevermore» predicado por John Piper. 17 de diciembre 2006. www.desiringgod.org/messages/to-him-be-glory-forevermore.

que podemos hablar sobre ella es porque la hemos visto, no porque podamos definirla.

El diccionario define la palabra *gloria* como «la reputación, fama y honor extraordinarios que resultan de las buenas acciones y grandes cualidades de una persona». También lo define como «majestad, esplendor y magnificencia», y como «gusto o placer».[2]

En un sentido, podría decirse que «gloria» es donde se encuentra tu mayor valor y belleza. Cuando la Biblia dice: «La gloria de los jóvenes es su fuerza» (Prov. 20:29), lo que está enfatizando es que lo más bello y valioso de la juventud es que se trata de un período de la vida que se caracteriza por su mayor fuerza y vitalidad.

Piper también explica que la gloria de Dios es la manifestación de Su carácter santo; es decir, nosotros vemos Su gloria cuando Dios muestra Su propia santidad. Él concluye diciendo que la gloria de Dios es la infinita belleza y grandeza de Sus múltiples perfecciones.

La palabra que se traduce como «gloria» en la Biblia viene de la palabra hebrea *kabód,* que significa literalmente «peso». Jonathan Edwards lo explica de esta manera: «La gloria de Dios es el peso de todo lo que Dios es. Es la plenitud de todo Su entendimiento, Su virtud y Su deleite».[3]

Gravitas es una palabra en latín que usamos para expresar que algo tiene peso o pesadez. Esta palabra era una de las virtudes que la antigua sociedad romana apreciaba, porque para ellos, tenía un sentido ético de dignidad y de seriedad exenta de frivolidad.

Los pasajes bíblicos donde se menciona que Dios muestra Su gloria se refieren a que Él está manifestando el peso de Su carácter, grandeza

---

[2] Diccionario de la Real Academia española en línea. https://dle.rae.es/gloria?m=form.

[3] Tomado del blog de Kevin DeYoung en TGC www.thegospelcoalition.org/blogs/kevin-deyoung/glory-of-god-the-weight-of-glory/

y belleza ante Su creación. Eso no es algo que pueda ser tomado como ligero o trivial, sino que, por el contrario, merece toda nuestra admiración, reverencia y asombro. Una respuesta diferente demostraría una falta de estima y aprecio por la persona de Dios.

Pablo explica que, aunque Dios reveló Su gloria a los seres humanos, la postura y respuesta de la humanidad fue la de menospreciar Su gloria:

> Pues aunque conocían a Dios, no lo honraron como a Dios ni le dieron gracias, sino que se hicieron vanos en sus razonamientos y su necio corazón fue entenebrecido. Profesando ser sabios, se volvieron necios, y cambiaron la gloria del Dios incorruptible por una imagen en forma de hombre corruptible... (Rom. 1:21-23)

Ser conscientes de los atributos y el carácter de Dios y no glorificarlo es dejar de reconocer esos atributos como preeminentes y sublimes por sobre toda la creación. El pecado de la humanidad que Pablo describe se da cuando, aun sabiendo que los atributos de Dios son supremos, los seres humanos deciden reconocer sus propios atributos, entendimiento y deseos como prioridad.

Cada vez que menospreciamos la gloria de Dios, estamos restándole *gravitas*, quitándole peso al valor que Dios tiene para nosotros, y terminamos atribuyendo ese peso a aquello que creemos que nos da verdadero valor.

Al final, aquello que tiene más *gravitas* en nuestra vida será aquello en donde terminaremos poniendo nuestra gloria. La manera en la que respondemos ante la gloria de Dios demuestra la postura de nuestro corazón ante el Señor.

ECOS DE GLORIA

Puedes imaginarte el rostro aterrado y sorprendido de Moisés después de escuchar de Dios la declaración:

«No puedes ver Mi rostro; porque nadie
me puede ver, y vivir».
(Ex. 33:20)

Déjame darte un ejemplo para ilustrar este punto. Por más famosa o poderosa que sea una persona, cuando conoces a alguien y te presentas, el protocolo tradicional nos lleva a decir: «Mucho gusto de conocerlo». La otra persona responderá: «El gusto es mío». Pero ¿quién está preparado para escuchar una conversación como la siguiente?

Humano: «Mucho gusto, Señor, de conocerte, muéstrame tu gloria».

Dios: «No puedes ver mi rostro, porque nadie puede verme y seguir con vida».

¿Como responderías propiamente a ese tipo de respuesta?

Veamos el texto y presentémoslo como una conversación entre Moisés y el Señor:

—Está bien, haré lo que me pides —le dijo el Señor a Moisés—, pues cuentas con mi favor y te conozco por nombre.

—Déjame ver tu gloria —insistió Moisés.

Y el Señor le respondió:

—Voy a darte pruebas de mi bondad, y te daré a conocer mi nombre. Tendré misericordia de quien quiera tenerla y seré compasivo con quien quiera serlo. Pero debo aclararte que no podrás ver mi rostro, porque nadie puede verme y seguir con vida.

»Cerca de mí hay un lugar sobre una roca —añadió el Señor—. Puedes quedarte allí. Cuando yo pase en toda mi gloria, te pondré en una hendidura de la roca y te cubriré con mi mano, hasta que haya pasado. Luego retiraré la mano y podrás verme la espalda. Pero mi rostro nadie lo verá».

(Ex. 33:17-23, NVI)

Moisés ya ha comenzado a conocer quién es Dios. Ha podido escuchar la tierna historia sobre cómo Dios preservó su vida cuando era solo un bebé flotando sobre una canasta en la orilla del Río Nilo. También ha recibido el enorme llamamiento divino de ir a salvar a su pueblo del cautiverio egipcio. Ha sido testigo de la mano firme de Dios luego de declarar juicio y enviar las plagas sobre el pueblo de Egipto. Ha experimentado la provisión de la gracia de Dios al ver salvarse a los primogénitos del pueblo de Israel y ver perecer a todos los demás primogénitos de Egipto. Ya ha contemplado el poder majestuoso de Dios al abrirles el mar para que él y su pueblo cruzaran en seco y los enemigos que los perseguían murieran ahogados.

Moisés ya sabe que Dios es santo. Que es temible, majestuoso e imponente. Pero ahora Moisés quiere conocer a Dios. Lo próximo que Moisés escucha es: «Nadie puede verme y seguir con vida».

Aunque fuimos creados para conocer y adorar a Dios, no estamos preparados para experimentar toda la gloria, la santidad y la belleza del carácter de Dios y seguir con vida. Somos seres frágiles, limitados y, por causa de la desobediencia, somos seres pecadores, desterrados del Edén y desconectados de la santidad del Señor. Desde nuestra propia capacidad humana, no hay nada que podamos hacer para entrar en comunión con Dios. A menos que Dios quiera tomar la iniciativa. A menos de que Él quiera revelarnos Su gloria.

No me imagino cuál era la expectativa de Moisés cuando sabía que contemplaría la gloria de Dios. ¿Esperaba ver un despliegue de luces? ¿Escuchar una explosión de sonidos? ¿Experimentar una sensación de éxtasis espiritual? ¿Encontrarse con una luz tan intensa que le haría perder el conocimiento?

Dios es tan lleno de gracia y bondad que decide concederle la petición a Moisés. Le mostrará Su gloria, pero para protegerlo de no morir, esconderá previamente a Moisés en la hendidura de una peña. Apenas puedo imaginarme lo que ha de haber cruzado por la mente de Moisés en esos momentos. Lo más seguro es que un terror reverente recorría todo su ser.

Es importante resaltar que el texto bíblico relata que la manera en que Dios dice que le mostrará Su gloria a Moisés será a través de una proclamación: «Proclamaré el nombre del Señor» (Ex. 33:19). Ni luces, explosiones ni éxtasis, solo una proclamación… pero no cualquier proclamación:

El Señor descendió en la nube y estuvo allí con él, mientras este invocaba el nombre del Señor. Entonces pasó el Señor por delante de él y proclamó: «El Señor, el Señor, Dios compasivo y clemente, lento para la ira y abundante en misericordia y verdad; que guarda misericordia a millares, el que perdona la iniquidad, la transgresión y el pecado, y que no tendrá por inocente al culpable; que castiga la iniquidad de los padres sobre los hijos y sobre los hijos de los hijos hasta la tercera y cuarta generación».

(Ex. 34:5-7)

¡La manifestación de la gloria de Dios es la proclamación de Su carácter! Dios mismo está proclamando Su carácter, Sus atributos y Su corazón a Moisés. En esa proclamación, está revelando Su GLORIA.

Permíteme darte otro ejemplo para ilustrar lo que está pasando entre Dios y Moisés. Es como cuando conocemos a alguien y esa persona nos entrega su tarjeta de presentación para darse a conocer. En esa tarjeta, leemos el nombre de la persona y algunas características que son parte de su identidad, como su vocación o su trabajo. En el caso de Moisés, es como si estuviera recibiendo la tarjeta de presentación de Dios. En ella, dice:

> El Señor, el Señor
> Dios compasivo y clemente,
> Lento para la ira y abundante en misericordia
> y verdad;
> El que guarda misericordia a millares,
> El que perdona la iniquidad, la transgresión
> y el pecado,
> Y que no tendrá por inocente al culpable.

Cuando Dios muestra Su gloria, está revelando parte de Su carácter; es decir, descubre quién es Él. Dios se presenta delante de Moisés como misericordioso, clemente, lento para la ira y abundante en misericordia.

A lo largo de la Escritura, vemos estas mismas palabras repetirse vez tras vez. Cuando Moisés intercedió por el pueblo incrédulo después de que estos no creyeron que Dios podía entregarles la tierra prometida, lo hizo con estas palabras:

«Pero ahora, yo te ruego que sea engrandecido el poder del Señor, tal como Tú lo has declarado: "El Señor es lento para la ira y abundante en misericordia, y perdona la iniquidad y la transgresión; pero de ninguna manera tendrá por inocente al culpable..."» (Núm. 14:17-18)

Cuando el pueblo de Dios, comandado por Nehemías, se preparó consagrándose al Señor al edificar los muros de Jerusalén, Nehemías oró las siguientes palabras:

Rehusaron escuchar,
Y no se acordaron de las maravillas que hiciste entre ellos;
Fueron tercos y eligieron un jefe para volver a su esclavitud en Egipto.
Pero Tú eres un Dios de perdón,
Clemente y compasivo,
Lento para la ira y abundante en misericordia,
Y no los abandonaste. (Neh. 9:17)

En diversas oraciones en el libro de los Salmos, encontramos:

Pero Tú, Señor, eres un Dios compasivo y lleno de piedad,
Lento para la ira y abundante en misericordia y fidelidad.
(Sal. 86:15)

Compasivo y clemente es el Señor,
Lento para la ira y grande en misericordia. (Sal. 103:8)

También lo vemos en el llamado al arrepentimiento que le hizo el profeta Joel al pueblo de Dios:

«Rasguen su corazón y no sus vestidos».

Vuelvan ahora al Señor su Dios,
Porque Él es compasivo y clemente,
Lento para la ira, abundante en misericordia... (Joel 2:13)

Es como si la gloria de Dios fuera reconocida una y otra vez en cada uno de estos eventos. Un vistazo nuevo de la manifestación del carácter de Dios en cada momento. Ecos de gloria resonando y manifestando la inagotable fidelidad de Dios a lo largo de la historia de Su pueblo. Compasivo y clemente. Lento para la ira, abundante en misericordia. Ese es nuestro Dios, ese es Su nombre.

CASA DE GLORIA

¿Has entrado alguna vez a un salón de clases donde aprenden niños pequeños? De inmediato podrás notar las paredes llenas de grandes ilustraciones y gráficos llamativos, el abecedario, números, animales, mapas y dibujos realizados por los mismos niños. Sabemos la razón para tantas ayudas visuales. Entre más pequeños sean los estudiantes, mayor será la cantidad de lecciones objetivas que los maestros deberán usar para facilitar el aprendizaje de sus alumnos. Por ejemplo, es relativamente fácil enseñar conceptos objetivos a niños pequeños, como los colores o los nombres de los animales. Pero ¿cómo enseñar conceptos más complejos como la honestidad, la diligencia o la obediencia? Para eso se hace aún más necesario el uso de lecciones objetivas.

Una lección objetiva es cuando un objeto u artefacto sirve para explicar conceptos que trascienden lo físico. Una maestra puede usar un objeto como una manzana para enseñar sobre la generosidad. Por ejemplo, si esa manzana es de Anita, y si Pepito le pide un mordisco y ella se lo niega diciéndole que la manzana no es suya, eso es falta de generosidad de parte de Anita hacia Pepito.

El deseo del corazón de Dios fue mostrar Su gloria a Su pueblo desde el mismo comienzo en que el pueblo emprendió su viaje por el desierto. Dios quería que lo conociera este pueblo recién libertado de la esclavitud, un pueblo joven, inexperto y en formación. Le ordenó a Moisés que levantara un tabernáculo, una tienda ambulante que tuviera diferentes muebles que mostraran destellos de Sus atributos, proveyeran vistazos ilustrativos de Su carácter y Su corazón para con Su pueblo.

El tabernáculo fue diseñado como una especie de lección objetiva gigante de parte de Dios para Su pueblo. Tanto el tabernáculo como sus muebles permitían que se apreciaran las áreas del carácter de Dios que el Señor mostró a Moisés en la montaña, pero que ellos no quisieron experimentar. Sin embargo, ahora las aprenderían como lecciones trascendentales de la misericordia, la purificación y la santidad de Dios mostradas a través de los rituales y expresiones de adoración realizadas en el tabernáculo por los sacerdotes y levitas.

Además, Dios prometió que Su presencia estaría en ese tabernáculo:

Allí me encontraré con los israelitas, y el lugar será santificado por Mi gloria. (Ex. 29:43)

Dios no solamente enseñaba sobre Su carácter en el tabernáculo, sino que también Su misma presencia se manifestaba delante de todo el pueblo. El tabernáculo era, en ese sentido, una casa móvil donde literalmente residía la presencia y la gloria de Dios para la admiración, instrucción y beneficio de todo el pueblo.

RESPLANDOR DE GLORIA

El rey Salomón construyó un templo unos siglos después. Su diseño mantenía los mismos muebles y elementos del tabernáculo. La Biblia dice que Dios lo llenó con Su gloria vez tras vez. Esa gloria era con frecuencia tan densa e imponente que Crónicas dice:

> Cuando los trompeteros y los cantores al unísono se hacían oír a una voz alabando y glorificando al SEÑOR, cuando levantaban sus voces acompañados por trompetas y címbalos e instrumentos de música, cuando alababan al SEÑOR diciendo: «Ciertamente Él es bueno porque Su misericordia es para siempre», entonces la casa, la casa del SEÑOR se llenó de una nube, y los sacerdotes no pudieron quedarse a ministrar a causa de la nube, porque la gloria del SEÑOR llenaba la casa de Dios. (2 Crón. 5:13-14)

En el Antiguo Testamento, Dios escogió habitar y manifestar Su presencia en un lugar específico: el tabernáculo, y poco después, el templo, para desde ese lugar revelar Su carácter y mostrar Su gloria a Su pueblo. Pero en el Nuevo Testamento, Dios escogió revelar Su gloria en otro tipo de templo. El Evangelio de Juan lo relata así:

> El Verbo se hizo carne, y habitó entre nosotros, y vimos Su gloria, gloria como del unigénito del Padre, lleno de gracia y de verdad. (Juan 1:14)

La frase «habitó entre nosotros» en el idioma original significa literalmente: «levantó Su tienda o edificó Su tabernáculo entre nosotros». Esto es sumamente significativo, porque el libro de Apocalipsis identifica a Jesús como «el tabernáculo de Dios está entre los hombres»

(Apoc. 21:3). El escritor de Hebreos se refiere a Jesús de la siguiente manera:

> Dios [...] en estos últimos días nos ha hablado por Su Hijo, a quien constituyó heredero de todas las cosas [...]. Él es el resplandor de Su gloria y la expresión exacta de Su naturaleza... (Heb. 1:1-3)

Jesús, el Hijo de Dios, es la manifestación de la gloria de Dios encarnada, la suma de todos los atributos de Dios hecha hombre, el carácter de Dios y el corazón de Dios expresados en un ser humano. Por eso Juan, al escribir, dice: «Vimos Su gloria, gloria como del unigénito del Padre, lleno de gracia y de verdad» (Juan 1:14).

La gracia y la verdad que Juan vio son la proclamación de la gloria de Dios que Moisés experimentó. Cada eco de gloria resuena a lo largo de la Escritura: «Compasivo y clemente, lento para la ira y abundante en misericordia y verdad, [...] que no tendrá por inocente al culpable» (Ex. 34:6-7).

Estos ecos tuvieron su culminación en la cruz del Calvario, cuando «la misericordia y la verdad se han encontrado. La justicia y la paz se han besado» (Sal. 85:10).

Hemos visto la gloria de Dios en la faz de Jesucristo. «Dios, que dijo: "De las tinieblas resplandecerá la luz", es el que ha resplandecido en nuestros corazones, para iluminación del conocimiento de la gloria de Dios en el rostro de Cristo» (2 Cor. 4:6).

¡Ver a Jesús es contemplar la gloria de Dios! Conocer a Jesús es conocer la gloria manifestada de Dios. Adorar a Jesús es adorar la gloria, la gracia y la verdad de Dios.

Jesús hizo una oración por los suyos antes de partir. En esa oración, le dice a Dios Padre lo siguiente:

La gloria que me diste les he dado, para que sean uno
[...]. Yo en ellos [...], para que el mundo sepa que Tú me
enviaste... (Juan 17:22-23)

La gloria de Dios que Moisés contempló en el monte y que los discípulos vieron en Jesús seguiría viéndola el mundo, pero ahora desplegada
en el testimonio de los seguidores de Jesús.

CAPÍTULO 4

Instrumentos vivos

Te daré gracias, porque asombrosa y
maravillosamente he sido hecho...
SALMO 139:14

TODAVÍA TENGO PRESENTE CUANDO MI esposa y yo escuchamos por primera vez una de las canciones más bellas que nuestros oídos jamás habían percibido: el ultrasonido de los latidos de Gabriel, nuestro hijo mayor. Ese conjunto maravilloso de pulsaciones sonoras nos confirmaba que nuestro hijo se estaba formando en el vientre de su madre. ¡Qué maravilla tan asombrosa es el milagro de la vida! Por cierto, ese sentir de asombro no disminuyó en nosotros y, un año después, volveríamos a maravillarnos al escuchar los latidos de Daniel, nuestro segundo hijo.

Me imagino que David experimentó un sentir de asombro parecido al escribir el Salmo 139. Es obvio que en los tiempos de David no había ultrasonido, pero sí había una conciencia clara de que Dios es el Autor de la vida y de que la vida es sagrada porque es un regalo maravilloso otorgado por el Creador. Así la describe David:

> Porque Tú formaste mis entrañas;
> me hiciste en el seno de mi madre.
> Te daré gracias, porque asombrosa y
> maravillosamente he sido hecho;

45

maravillosas son Tus obras,

y mi alma lo sabe muy bien. (Sal. 139:13-14)

La palabra que David usó para describir la forma en que los seres humanos hemos sido hechos fue «asombrosamente». Se trata de una palabra que también se podría traducir como «temible» o «lleno del temor de Dios»; de hecho, la misma palabra se usa en otros salmos para describir lo temible y admirable que es Dios al realizar Sus obras.

Vengan y vean las obras de Dios,

Admirable en Sus hechos. (Sal. 66:5)

Imponente eres, oh Dios, desde Tu santuario... (Sal. 68:35)

Porque grande es el SEÑOR, y muy digno de ser alabado;

Temible es Él sobre todos los dioses. (Sal. 96:4)

Alaben Tu nombre grande y *temible...* (Sal. 99:3)

La razón por la cual es importante enfatizarlo es que, tal como lo vimos en el capítulo anterior, Moisés subió al monte, contempló a Dios y quedó asombrado ante Su temible gloria. Ahora David mira en este salmo cuándo fue formado, considera su vida y queda «asombrado» ante la temible y gloriosa obra de Dios al crear al ser humano. ¡Moisés contempla a Dios y mira la gloria de Dios! ¡David considera al ser humano y mira la gloria de Dios!

Entre más David considera la manera tan detallada en que ha sido formado su cuerpo, lo maravilloso de sus habilidades y su enorme capacidad, más queda asombrado ante esa temible gloria de Dios.

No estaba oculto de Ti mi cuerpo,

Cuando en secreto fui formado,

Y entretejido en las profundidades de la tierra.

Tus ojos vieron mi embrión,

Y en Tu libro se escribieron todos

Los días que me fueron dados,

Cuando no existía ni uno solo de ellos.

(Sal. 139:15-16)

¿Cómo es que David llega a darse cuenta de que ha sido creado gloriosamente asombroso? ¿Cómo es que David sabe que ha sido llamado a vivir cada uno de sus días de manera gloriosamente asombrosa en honor a su creador?

PORTADORES DE GLORIA

En el primer capítulo de Génesis, encontramos el relato de cómo Dios creó al hombre.

Y dijo Dios: «Hagamos al hombre a Nuestra imagen, conforme a Nuestra semejanza; y ejerza dominio [...]». Dios creó al hombre a imagen Suya, a imagen de Dios lo creó. (Gén. 1:26-27)

Dios Padre creó al ser humano con la capacidad especial de reflejar Sus virtudes y Su belleza al dotarnos con atributos semejantes a Sus atributos. Los teólogos identifican los atributos de Dios en dos categorías: comunicables y no comunicables. Los no comunicables son aquellos que pertenecen a Dios y solamente a Él, como Su omnipresencia, omnisciencia u omnipotencia. Pero Sus atributos comunicables son aquellos que los seres humanos también poseemos, como la capacidad de razonar, crear, amar o perdonar. Haber sido creados a imagen de Dios no nos hace iguales a Dios, pero sí nos hace especiales por encima de todo ser creado en el planeta. Todos son creación de Dios, pero solo el ser humano, aparte de ser creación de Dios, lleva impresa la imagen de Dios. El pastor Otto Sánchez lo explica así en su libro *Hacia la meta:*

> Ser creados a imagen y semejanza de Dios significa que Él nos capacitó para gobernar y disponer de los recursos necesarios para controlar, dirigir, organizar y procurar el avance y desarrollo de todo lo creado. Los encargos de mayordomía y administración de la creación, primeramente, a Adán y después a Eva, nos muestran cualidades que sobresalen en ellos como raza humana, pero que están ausentes en el resto de la creación.[1]

Ese privilegio asombroso de haber sido creados a imagen de Dios lleva consigo una responsabilidad impresionante en muchos aspectos de nuestras vidas como, por ejemplo, ser buenos administradores de todos los recursos que Dios nos ha dado, incluidos nuestro cuerpo, nuestro tiempo, nuestros talentos, nuestras capacidades y los recursos naturales que Dios nos ha confiado.

Hay un salmo que comienza con un llamado a una adoración muy especial a los habitantes de toda la tierra: «Aclamen con júbilo a Dios, [...] canten la gloria de Su nombre; hagan gloriosa Su alabanza» (Sal. 66:1-2). La frase «hagan gloriosa Su alabanza» se traduce en otras versiones como «pongan gloria en su alabanza». Esto significa que hemos sido creados por Dios a Su imagen, nos ha creado con gloria y para darle gloria. David, en otro de sus salmos, lo manifiesta así:

---

[1] Otto Sánchez, *Hacia la meta* (Nashville, TN: B&H Español, 2016), 27.

¿Qué es el hombre para que te acuerdes de él,
Y el hijo del hombre para que lo cuides?
¡Sin embargo, lo has hecho un poco menor que los ángeles,
Y lo coronas de gloria y majestad! (Sal. 8:4-5)

¡Dios nos ha coronado de gloria! Tómate un momento de reflexión para que el peso de esas palabras se asiente en tu mente. Dios, el Creador de todo, te ha creado «asombrosa y maravillosamente», ¡y te ha coronado de gloria! Esto no significa que el ser humano *merece gloria*, sino que fuimos creados *con gloria* para *darle a Dios esa gloria*.

En el capítulo anterior, mencionamos que *gloria* es todo lo más hermoso y valioso que alguien posee. Dios nos creó con capacidades asombrosas, dones maravillosos, virtudes nobles y belleza única. Todo eso que Dios nos entregó por Su sola gracia es *gloria*. Por lo tanto, a nosotros nos toca usar todas estas capacidades, dones, virtudes y belleza siendo conscientes de que las hemos recibido de Él para rendírselas de vuelta a Sus pies. Eso es lo que significa *darle gloria*.

Cada vez que escuches al líder de alabanza decir en tu iglesia: «¡Vamos a darle la gloria a Dios!», no pienses que eso significa que a Dios le falte gloria y hay que darle más. ¡De ninguna manera! Dios ya es glorioso en sí mismo y nosotros ya hemos sido creados de manera gloriosa. Lo que el director de adoración nos pide es que ahora traigamos conscientemente lo mejor, lo más valioso y lo más bello de todo lo que somos y todo lo que poseemos para rendirlo voluntaria y gustosamente ante la gloria de Dios.[2] En ese sentido, adorar a Dios significa rendir nuestra gloria ante Su gloria.

---

[2] Así como vimos que lo hizo Abel en el capítulo 1.

**Adorar a Dios significa rendir
nuestra gloria ante Su gloria.**

INSTRUMENTOS DE GLORIA

Tuve la oportunidad de ver un documental que trataba de un artesano hacedor de guitarras. Fue muy impactante para mí porque me maravilló observar el gran cuidado con el que el artesano seleccionaba la madera, la manera en que la iba cortando, dándole forma y pegando cada una de sus piezas hasta darle la forma de guitarra. Me sorprendió ver cómo se tomó el cuidado de grabar cada uno de los detalles que adornan el instrumento y cómo lo fue templando hasta que tuviera la entonación correcta en cada una de sus cuerdas.

Llegó el momento en que el artesano estaba a punto de finalizar el proceso y, cuando el instrumento parecía estar casi listo, se podía notar el gozo evidente del artesano. Se encontraba tan complacido con ese instrumento que expresó: «No hay guitarra que salga de mi taller si no me siento satisfecho del trabajo preciso y la atención meticulosa a cada detalle que he realizado».[3]

Las palabras de ese artesano de guitarras manifiestan un sentimiento evidente de complacencia, que inevitablemente me llevó a pensar en el relato de la creación de Dios en Génesis y cómo la Biblia manifiesta la complacencia del Creador del universo, quien luego de cada día de Su obra, menciona: «Y Dios vio que era bueno» (Gén. 1:12). Sin embargo, después de crear al ser humano en el sexto día, el texto bíblico dice: «Dios vio todo lo que había hecho; y era bueno *en gran*

---

[3] *Making a Guitar | Handcrafted Woodworking*, Stereokroma. https://youtu.be/ sAeXskZHC2o
https://www.stereokroma.com/work

manera» (Gén. 1:31, énfasis añadido). Así como ese artesano de guitarras experimentó gozo al crear su instrumento, la Biblia nos muestra que el Dios Creador se deleitó al crear y darle forma a Su creación, y sigue deleitándose en ella hasta el día de hoy. Presta atención a cómo se presenta esta realidad en otro salmo:

¡Sea para siempre la gloria del Señor!
¡Alégrese el Señor en sus obras! (Sal. 104:31)

La Nueva Traducción Viviente lo expresa así:

¡Que la gloria del Señor continúe para siempre!
¡El Señor se deleita en todo lo que ha creado!

No quisiera hacer un uso excesivo de la analogía del instrumento y el artesano, pero he descubierto que las similitudes son muchas. Dios nos hizo y nos formó, se deleitó al crearnos y no solo eso, sino que, al llevar Su imagen en nosotros, fuimos creados para darle gloria con nuestras vidas.

Es como cuando algún músico conocedor mira una guitarra que le llama la atención y se acerca para ver el nombre del fabricante. Esa marca que lleva la guitarra determina su valor porque es la imagen o el respaldo visible que habla del cuidado, la atención, la experiencia y la excelencia que puso en ella el fabricante de la guitarra. Si alguien elogia el diseño y el sonido de esa guitarra, en realidad ese elogio va dirigido al hacedor de la guitarra.

En ese sentido, la gloria del artesano la lleva plasmada el instrumento, pero la gloria no es para el instrumento, sino para el hacedor del instrumento. De la misma manera, nosotros no fuimos creados para nuestra gloria, sino para la gloria y la alabanza de nuestro Hacedor. El profeta Isaías lo expresa con las siguientes palabras:

El pueblo que Yo he formado para Mí
Proclamará Mi alabanza. (Isa. 43:21)

Todos los que son miembros del pueblo de Dios son instrumentos
que Dios ha creado para proclamar Su alabanza. Si piensas que podría
estar exagerando demasiado con la analogía del instrumento, permíteme hacer una reflexión adicional. Déjame hacerte esta pregunta: ¿Te
has puesto a pensar por qué a los músculos que usamos para hablar
o cantar se los llama «cuerdas vocales»?

Las cuerdas vocales son los músculos que tenemos en la tráquea
que, al respirar, tienen la propiedad de expandirse o contraerse con
el aire de nuestros pulmones. Las cuerdas vocales vibran cuando se
contraen, y eso hace posible que podamos emitir sonidos al hablar
o al cantar. Ese es básicamente el mismo principio detrás de cada
instrumento de cuerdas: ejercer presión sobre una cuerda para que
vibre y produzca un sonido. ¿Te das cuenta? ¡Somos literalmente
instrumentos vivos! Dios nos ha creado de manera tan maravillosa
que tenemos la capacidad de producir música desde nuestro propio
cuerpo.

Eso no es todo. Los seres humanos también contamos con un
músculo llamado diafragma que se encuentra justo debajo de los pulmones y que hace posible que fluya el aire para poder respirar, pero
que también nos da la capacidad de hablar y cantar. Algunos maestros
de música han dicho que el cuerpo humano es el instrumento más
completo y perfecto, porque puede comportarse como un instrumento
de cuerda y de viento a la vez (¡eso sin contar que somos también un
instrumento de percusión al aplaudir y bailar!).

El último salmo nos ofrece la última canción de alabanza, que es
una alabanza muy apropiada para finalizar ese libro, porque el salmista

hace un llamado épico a alabar a Dios desde la grandeza del firmamento hasta el uso alegre de instrumentos:

Alaben a Dios con sonido de trompeta;
Alábenlo con arpa y lira.
Alaben a Dios con pandero y danza;
Alábenlo con instrumentos de cuerda y flauta.
Alaben a Dios con címbalos sonoros;
Alábenlo con címbalos resonantes. (Sal 150:3-5)

Pero no podemos perder de vista que, en el último versículo y como culminación de la lista de instrumentos, sucede algo muy interesante, porque el salmista menciona:

Todo lo que respira alabe al SEÑOR.
¡Aleluya! (Sal. 150:6)

El salmista llama a todo ser viviente a que se una a los instrumentos mencionados y se convierta en un instrumento vivo que, al unísono con todos los demás, culmine con un gran «¡aleluya!» en alabanzas a Dios.

Tú y yo somos instrumentos vivos, creados asombrosa y maravillosamente en el taller del Artesano del universo. Él se deleitó en hacernos y formarnos, plasmando en nosotros Su imagen para que nosotros le demos gloria a nuestro Hacedor con cada latido de nuestra vida, cada pensamiento de nuestra mente, cada acción de nuestro cuerpo y cada expresión de nuestros labios. Pero de la misma manera que hemos sido creados gloriosamente para darle gloria, hemos sido creados con la capacidad de decidir *hacia dónde vamos a dirigir esa gloria.*

USURPADORES DE GLORIA

El primero de los diez mandamientos que Dios le dio a Moisés cuando el pueblo se encontraba al pie del monte Sinaí estaba acompañado de una indudable afirmación inicial: «Yo soy el Señor tu Dios, que te saqué de la tierra de Egipto», y entonces se menciona el primer mandamiento: «No tendrás otros dioses delante de Mí» (Ex. 20:2-3). Dios fue claramente intencional al comenzar así, porque sabía perfectamente bien que los seres humanos, al haber sido creados *con gloria para dar gloria,* seríamos cautivados por el afán de desviar la gloria todo el tiempo. Al final, siempre terminaríamos rindiendo nuestra gloria o adorando a algo o a alguien.

El profesor de filosofía James K. A. Smith, en su libro *You Are What You Love* [Eres lo que amas], hace el siguiente comentario:

> El ser humano siempre está dirigiéndose hacia algo, siempre está en movimiento, siendo cautivado por algo, como si fuéramos tiburones existenciales: necesitamos movernos para vivir. Somos criaturas dinámicas dirigiéndonos siempre hacia un fin. Somos orientados por nuestros anhelos, y dirigidos por nuestros deseos.

Este argumento concluye con la afirmación de que «los seres humanos siempre terminamos por adorar aquello que amamos; no podemos evitar adorar, de la misma manera que no podemos evitar amar».[4]

En ese sentido, la manera correcta de vernos a nosotros mismos no es si estamos dispuestos a rendir nuestra gloria, sino ¿a quién vamos a terminar dándole gloria? No es si deseamos ser adoradores, sino ¿a quién vamos a terminar adorando? El apóstol Pablo advirtió sobre cómo

---

[4] K. A. Smith, *You Are What You Love* (Ada, MI: Brazos Press, 2016), 19.

los seres humanos escogieron dejar de dar gloria a Dios para adorar lo creado: aves, reptiles y aun al mismo ser humano (Rom. 1:23). De la misma manera en que Dios creó al ser humano a Su imagen y recibe gloria de Su creación, así también el hombre deja de adorar a Dios cuando desobedece y se rebela en contra de Él. Termina anhelando darse gloria a sí mismo y queriendo encontrar ilusoriamente gloria en aquello que el ser humano ha creado a su propia imagen. Otro salmo nos da un ejemplo muy claro de esta realidad:

No a nosotros, SEÑOR, no a nosotros,
Sino a Tu nombre da gloria,
Por Tu misericordia, por Tu fidelidad.
¿Por qué han de decir las naciones:
«¿Dónde está ahora su Dios?».
Nuestro Dios está en los cielos;
Él hace lo que le place.
Los ídolos de ellos son plata y oro,
Obra de manos de hombre.
Tienen boca, y no hablan;
Tienen ojos, y no ven;
Tienen oídos, y no oyen;
Tienen nariz, y no huelen;
Tienen manos, y no tocan;
Tienen pies, y no caminan;
No emiten sonido alguno con su garganta.
Se volverán como ellos los que los hacen,
Y todos los que en ellos confían. (Sal. 115:1-8)

Nota cómo el salmista comienza enfatizando que el tema central de este salmo es la gloria. Primero, menciona que la gloria no es para entregárnosla, sino para entregarla a nuestro Dios, precisamente porque es nuestro Creador. Pero luego hace un marcado contraste entre aquellos que adoran al Dios verdadero y los que rinden lo más preciado que tienen —en este caso, su plata y su oro— para hacer una obra con sus propias manos y a la que terminan rindiendo gloria y adorando como ídolo.

Este salmo está escrito con profunda ironía en su poesía, como para hacernos ver la amarga realidad del ser humano: somos expertos en hacer un mal uso de la gloriosa creatividad que Dios nos ha dado para crear todo tipo de artes, tecnologías, sistemas, estructuras, sociedades, creencias, filosofías, ministerios y muchas cosas más. Sin embargo, en lugar de rendirle todo eso a Dios en adoración, ni siquiera hacemos uso de la obra de nuestras manos para que eso nos dé gloria a nosotros mismos, sino que, peor que eso: ¡nos rendimos ante la obra de nuestras manos y le damos gloria a lo que nosotros mismo hemos creado! ¿Puedes notar lo absurdo de tal actitud? Con razón el apóstol Pablo mencionó que al cambiar la gloria de Dios, creyéndonos sabios, en realidad nos volvimos necios (Rom. 1:22). Por eso el salmista dice:

> … quienes los fabrican o adoran son tan necios como sus ídolos. (Sal. 115:8, NBV)

El pastor Tim Keller define a un ídolo como «algo que es más importante para ti que Dios; cualquier cosa que cautive tu corazón y tu imaginación más que Dios y cualquier cosa que esperes que te proporcione lo que solamente Dios puede darte. Un dios falso es algo tan crucial y esencial para tu vida que, si lo perdieras, esta carecería de sentido».[5]

---

[5] Timothy Keller, *Dioses que fallan: Las promesas vacías del dinero, el sexo, y el poder; y la única esperanza verdadera* (Barcelona, España: Publicaciones Andamio, 2015), 8.

No hay necedad más grande que cuando creemos que lo que hemos creado nos hará encontrar el significado de por qué hemos sido creados. Ese significado solo puede venir de nuestro Creador. Dios sabía que esa sería nuestra lucha y por eso el primer mandamiento dice claramente: «No tendrás otros dioses delante de Mí».

El ser humano solo tiene dos opciones: o reconoce que es obra de Dios, creado a Su imagen y lo adora como Creador y Dios verdadero, o usa la capacidad creativa que Dios le ha dado para hacer creaciones y obras de sus manos a las que terminará adorando y adorándose a sí mismo.

MAYORDOMOS DE GLORIA

El libro de Daniel relata la historia del rey Nabucodonosor, gobernante sobre el imperio de los caldeos, y quien se dio a la tarea de reconstruir la ciudad de Babilonia después de que esta fuera destruida por los asirios. Nabucodonosor ordenó edificar unos jardines mientras reconstruía la ciudad. Estos se conocerían después como los jardines colgantes de Babilonia y llegarían a ser, por su imponente hermosura, una de las siete maravillas del mundo antiguo.

Nabucodonosor mismo mandó reconstruir esa imponente ciudad y edificar esos hermosos jardines. En un sentido, esa tarea fue obra de sus manos. Presta atención a la forma en que se expresa sobre lo que había edificado:

> ... el rey reflexionó, y dijo: «¿No es esta la gran Babilonia que *yo* he edificado como residencia real con la fuerza de *mi poder* y para *gloria* de *mi majestad*?». (Dan. 4:30, énfasis añadido)

La Biblia señala que, luego de que Nabucodonosor expresó que todas esas maravillas del arte de la arquitectura eran por su gloria y para su gloria, Dios le habló y le dijo:

> ... El reino te ha sido quitado, y serás echado de entre los hombres, y tu morada estará con las bestias del campo. Te darán hierba para comer como al ganado [...], hasta que reconozcas que el Altísimo domina sobre el reino de los hombres, y que lo da a quien le place. (Dan. 4:31-32)

Dos cosas suceden cuando nos vanagloriamos en nuestras obras. La primera es que Dios nos quita la habilidad de poder disfrutar de aquello de lo que tanto nos gloriábamos. Nuestros ídolos pasan de ser deleite a convertirse en nuestra prisión muy rápidamente. La segunda es que nuestra vanagloria nos vuelve necios y dejamos de ver la realidad o de escuchar a los demás, especialmente a Dios.

El relato bíblico nos dice que Nabucodonosor se volvió como un loco pordiosero, tuvo que dejar de seguir actuando como rey y se volvió un vagabundo enloquecido que comía hierba. Me pregunto si es que la hierba que comía era de los mismos jardines de los que tanto se glorió. Sin embargo, la historia no terminó con su desgracia. La Biblia dice que cuando Nabucodonosor alzó sus ojos al cielo e invocó y glorificó a Dios, entonces recobró la razón, fue restablecido en su reino y llegó a tener mayor grandeza (Dan. 4:34-36). Nabucodonosor concluyó ese período de su vida con estas palabras:

> «Ahora yo, Nabucodonosor, alabo, ensalzo y glorifico al Rey del cielo, porque Sus obras son todas verdaderas y justos Sus caminos. Él puede humillar a los que caminan con soberbia». (Dan. 4:37)

RECIPIENTES DE GLORIA

La historia de Nabucodonosor no es diferente a la del resto de la humanidad:

* Recibimos de Dios gloria para glorificarlo solo a Él.
* Nuestro corazón pecaminoso usurpa esa gloria para quedarnos nosotros con ella.
* Terminamos adorando y dándole gloria a la obra de nuestras manos.
* Nos volvemos necios y ciegos en nuestro pecado.
* Dios nos muestra misericordia y envía salvación.
* Los que nos rendimos a Él somos restaurados y devueltos al diseño original de vivir para Su gloria.

En ese patrón de vida nos hemos encontrado todos sin distinción. Todos hemos fallado en ser buenos mayordomos de la gloria que Dios nos ha dado para entregarle. Solamente hubo uno que nunca falló y que vivió perfectamente para la gloria de Dios. Alguien que, cuando fue tentado precisamente con el tema de la gloria, respondió de la siguiente manera:

> ... el diablo lo llevó a un monte muy alto, y le mostró todos los reinos del mundo y la gloria de ellos, y le dijo: «Todo esto te daré, si te postras y me adoras». Entonces Jesús le dijo: «¡Vete, Satanás! Porque escrito está: "Al SEÑOR tu Dios adorarás, y solo a Él servirás"». (Mat. 4:8-10)

Jesús no solamente vivió como un modelo perfecto de lo que significa vivir para la gloria de Dios, sino que también vino para dar Su vida para rescatarnos a todos los que tratamos de vivir para la gloria de Dios y nos quedamos cortos, fallamos y no alcanzamos esa gloria (Rom. 3:23). Pero no solo es eso, sino que Jesús tomó nuestro lugar en la cruz y no solo recibió la condenación de todos los que pecamos, sino que ahora, al haber sido reconciliados y hechos nuevas criaturas por Su obra perfecta a nuestro favor, somos capacitados para vivir para la gloria de Dios y nos gloriamos en la esperanza de esa gloria (Rom. 5:2).

El mensaje del evangelio es justamente el mensaje de la gloria de Dios revelada en Jesús, quien vino a salvarnos, a liberarnos para que ahora se nos permita vivir plenamente para la gloria de Dios. El apóstol Pablo explica esta hermosa realidad de la siguiente manera:

> Pues Dios, quien dijo: «Que haya luz en la oscuridad», hizo que esta luz brille en nuestro corazón para que podamos conocer la gloria de Dios que se ve en el rostro de Jesucristo. Ahora tenemos esta luz que brilla en nuestro corazón, pero nosotros mismos somos como frágiles vasijas de barro que contienen este gran tesoro. Esto deja bien claro que nuestro gran poder proviene de Dios, no de nosotros mismos. (2 Cor 4:6-7, NTV)

Los discípulos de Jesús somos frágiles vasijas de barro que contienen un gran tesoro. Estamos hablando de la gloria de Dios revelada en la persona de Jesucristo y dada ahora a conocer en el mensaje del evangelio. No debemos olvidar que somos frágiles recipientes de gloria, pero, al mismo tiempo, por la obra de Dios y la presencia del Espíritu Santo en nuestras vidas, somos instrumentos vivos en las manos de un Creador glorioso.

CAPÍTULO 5

Conversación divina

«Si tú conocieras el don de Dios...».
JUAN 4:10

ERA UN DÍA REALMENTE CALUROSO. No había mucha gente afuera haciendo diligencias porque a esa hora del mediodía el sol pegaba más duro, y el calor se sentía más intenso. Sin embargo, Jesús había decidido pasar específicamente por cierto lugar y justo a esa hora tan inconveniente. No solo eso, sino que la costumbre de los judíos era esquivar esa zona y así evitar a toda costa el trato con los residentes de esa región por diferencias religiosas.

Pero Jesús decidió pasar justo por esa región y descansar junto a cierto pozo de agua para calmar su sed. Una mujer de la zona se acercó en ese momento al pozo para sacar agua, como probablemente acostumbraba a hacer todos los días. Ella nunca iba acompañada; siempre sola y en silencio.

Pero Jesús rompió el silencio en esta ocasión y le hizo una petición: «Dame de beber». Esas tres palabras iniciarían una conversación que cambiaría la vida de esa mujer.

Las conversaciones son parte de la vida diaria para todos. Hay conversaciones informales, otras formales y hasta conversaciones necesarias. Pero también hay conversaciones de suma importancia, porque tienen el potencial de cambiarlo todo. Una conversación con un médico que te trae un diagnóstico negativo puede cambiar radicalmente la forma en que llevabas tu vida hasta ese momento y el cuidado de tu salud de inmediato. Una conversación con tu entrevistador para un nuevo empleo puede decidir si te dan el trabajo o no.

El Evangelio de Juan registra la conversación entre Jesús y una mujer samaritana (Juan 4). Se trata de una conversación que Jesús inició de manera informal, aunque muy intencional, pero que, en poco tiempo, pasó a ser una conversación muy profunda y con serias implicaciones. Una conversación que abarcó desde temas relacionados con las necesidades básicas del ser humano, las necesidades espirituales del alma, hasta las relaciones personales, las tradiciones culturales e incluso la teología y la escatología. De hecho, fue en el marco de esa conversación que Jesús enseñó algunas de las verdades más citadas cuando se habla sobre el tema de nuestra adoración a Dios.

No fue un diálogo ligero, sino una conversación entre cielo y tierra que, en gran manera, refleja la forma en la que Dios se relaciona con todos nosotros. Acerquémonos para participar de esa conversación más de cerca.

UNA INTERRUPCIÓN INESPERADA

Una de las primeras observaciones que captan nuestra atención en este pasaje es que Jesús se presenta intencionalmente e interrumpe las actividades cotidianas de esta mujer con una petición inesperada e imposible para ese tiempo y cultura. Mira como lo relata Juan:

Y Él [Jesús] tenía que pasar por Samaria. Llegó, pues, a una ciudad de Samaria llamada Sicar, cerca de la parcela de tierra que Jacob dio a su hijo José; y allí estaba el pozo de Jacob. Entonces Jesús, cansado del camino, se sentó junto al pozo. Era cerca del mediodía. Una mujer de Samaria vino a sacar agua, y Jesús le dijo: «Dame de beber». (Juan 4:4-7)

En el segundo capítulo, mencionamos que Dios es quien siempre toma la iniciativa cuando quiere relacionarse con el hombre. Aquí lo vemos claramente a través de la manera en que Jesús toma la iniciativa para hablar con esta mujer. Él interrumpe los quehaceres cotidianos de esa mujer para llamar su atención, iniciar una conversación y buscar su corazón. Lo cierto es que Dios nos interrumpe y nos llama cuando menos lo esperamos. Veamos brevemente algunos casos que encontramos en la Biblia.

Adán y Eva desobedecieron al comer la fruta prohibida y de inmediato trataron de esconderse de la presencia de Dios. De pronto, mientras Dios se paseaba por el jardín, interrumpió sus planes de escape al preguntarle a Adán: «¿Dónde estás? [...] ¿Has comido del árbol del cual Yo te mandé que no comieras?» (Gén. 3:9,11).

Moisés había perdido toda esperanza de poder ayudar a su pueblo que vivía oprimido en la esclavitud egipcia. Luego de matar a un egipcio, huyó al desierto y se convirtió en pastor de las ovejas de su suegro por años. Sin embargo, Dios de pronto interrumpió sus tareas pastorales rutinarias y lo llamó: «¡Moisés, Moisés! [...] Quítate las sandalias de los pies, porque el lugar donde estás parado es tierra santa» (Ex. 3:4-5).

María era una jovencita virgen, piadosa y comprometida en matrimonio. Es muy posible que estuviera ocupada en algunos quehaceres domésticos o quizás en los planes de su próxima ceremonia nupcial. Pero Dios interrumpió de repente la normalidad de su rutina al enviar un ángel con el siguiente mensaje: «El Señor está contigo [...] has hallado gracia delante de Dios. Concebirás... y darás a luz un Hijo, y le pondrás por nombre Jesús» (Luc. 1:28,30).

En todos esos casos, incluida la mujer samaritana, Dios llegó para interrumpir la vida de los que Él buscaba. Jesús *tenía que pasar* por Samaria y *tenía que pedirle agua* a esa mujer junto al pozo, porque *tenía que interrumpir su vida*, no solamente ser una contrariedad pasajera en su rutina de sacar agua, sino llegar para interponerse ante un futuro seco, triste y sombrío que le esperaba a su alma lejos de Dios. Jesús *tenía que manifestar* Su amor a esta mujer tan necesitada de amor verdadero. Esa fue una interrupción gloriosa, llena de gracia y compasión.

Pablo resaltó esa misma verdad a los efesios cuando describió esa interrupción de Dios con un glorioso *pero* de Dios:

> En otro tiempo ustedes estaban muertos en sus transgresiones y pecados [...]. Se conducían según el que gobierna los aires [...]. En ese tiempo también todos nosotros vivíamos como ellos, impulsados por nuestros deseos pecaminosos, siguiendo nuestra propia voluntad y nuestros propósitos[...].
> **Pero Dios,** que es rico en misericordia, por su gran amor por nosotros, nos dio vida con Cristo, aun cuando estábamos muertos en pecados. ¡Por gracia ustedes han sido salvados! (Ef. 2:1-5, NVI, énfasis añadido)

¡Bendito el día en que Jesús interrumpió nuestra rutina! Esa hermosa interrupción, tan inconveniente como nos haya parecido, fue gracia pura. Si Jesús no hubiera llegado a interrumpirnos, habríamos seguido avanzando en nuestra necia marcha, dándole rienda suelta a nuestro corazón egoísta, encaminados a una destrucción segura.

UNA COMPASIÓN VALIENTE

Otra observación notable es que Jesús no solo tomó la iniciativa, sino que también fue osado y se atrevió a derribar diversas barreras, y con gentileza y compasión estuvo dispuesto a construir puentes por el bien de esta mujer:

> Entonces la mujer samaritana le dijo: «¿Cómo es que Tú, siendo judío, me pides de beber a mí, que soy samaritana?». (Porque los judíos no tienen tratos con los samaritanos). (Juan 4:9)

Bastaba con que Jesús le dirija la palabra a una mujer samaritana para romper varios protocolos sociales y hacer a un lado varias costumbres culturales, étnicas y religiosas que los judíos guardaban en esos días. En primer lugar, un rabino no solía dirigirle la palabra a una mujer en lugares públicos. Además, al ser Jesús judío y ella samaritana, por los problemas raciales, religiosos y territoriales, se consideraba que no debía existir trato entre ellos, y mucho menos que Jesús le pidiera agua para beber de un vaso que cualquier judío habría considerado impuro al pertenecerle y haber sido tocado por una samaritana.

Los samaritanos eran descendientes de los judíos, pero sus antepasados se habían mezclado con otros pueblos paganos, combinando así sus creencias y sus prácticas de adoración con prácticas paganas. Eso los llevó a tener su propio templo en su propio monte y con su propio sistema de adoración a Dios. Los judíos veían todo eso con ojos de desaprobación y menosprecio, hasta el punto de no querer tratarlos y en lo posible ni siquiera hablar con ellos. No toleraban cruzárselos en el camino y, por eso, los judíos esquivaban esa región. De hecho, decirle a un judío que era samaritano era una manera de insultarlo (Juan 8:48).

Jesús no ignoraba las costumbres de Su época y no temía las repercusiones que Su osadía pudiera tener en Su reputación cuando cruzó valientemente todas estas barreras. Lo hizo de forma consciente e intencional, con ternura, compasión y lleno de misericordia por esta mujer y por el pueblo samaritano.

Las malas intenciones de un hombre hacia una mujer podrían comenzar a notarse al observar la mirada y el tono de la voz. Estoy seguro de que esta mujer nunca había conocido a un hombre que la mirara con una mirada tan sincera, íntegra y pura, y que le hablara con tanta gentileza, empatía y compasión. Sin importar el pasado de esta mujer, Dios la amaba y Jesús había llegado a su encuentro para hacérselo saber.

Jesús contó la historia de un hombre que tenía cien ovejas y pierde una de ellas. Él deja las noventa y nueve y «va tras la que está perdida *hasta que la halla*. Al encontrarla, la pone sobre sus hombros, gozoso» (Luc. 15:4-5, énfasis añadido). La parábola de la oveja perdida resalta el amor intenso, perseverante y misericordioso de Dios por los suyos.

Dios nos amó tanto que quiso relacionarse con nosotros. Para eso, tuvo que cruzar la distancia más larga, derribar las barreras más rígidas y asumir la postura más humilde. No debemos olvidar que Él es Dios Creador y nosotros seres humanos creados; Él es perfecto y eterno, nosotros frágiles e imperfectos; Él es santo y bueno, nosotros simples pecadores y necios. A pesar de esas diferencias abismales, Jesucristo tuvo compasión y sin demora se despojó de Su gloria, se encarnó y

tomó forma de siervo, semejante a los hombres, para entonces humillarse hasta la muerte y muerte de cruz (Fil. 2:7-8). Todo lo hizo voluntariamente y por puro amor, misericordia y compasión.
El amor de Dios es un amor crónico, valiente, paciente, incansable e
inagotable. Es un amor constante e intenso que se extiende y persevera
hasta cumplir sus propósitos de bondad y misericordia. Jesús pasó por
Samaria para mostrarle esa clase de amor del cielo a esta mujer y lo
hizo con mucha paciencia.

UNA NECESIDAD APARENTE

Juan continúa con su relato y, después de que la mujer se sorprende
al ver a Jesús cruzar todas esas barreras, nos dice:

> Jesús le respondió: «Si tú conocieras el don de Dios, y quién
> es el que te dice: "Dame de beber", tú le habrías pedido a
> Él, y Él te hubiera dado agua viva».
>
> Ella le dijo: «Señor, no tienes con qué sacarla, y el pozo
> es hondo; ¿de dónde, pues, tienes esa agua viva? ¿Acaso
> eres Tú mayor que nuestro padre Jacob, que nos dio el
> pozo del cual bebió él mismo, y sus hijos, y sus ganados?».
> (Juan 4:10-12)

La necesidad más obvia en esa mujer es que ella sencillamente
¡necesita agua! Eso es completamente natural porque se trata de una de
las necesidades básicas de todo ser humano. Sin embargo, Jesús sabe
que, detrás de esa necesidad básica y aparente, hay una necesidad
mayor, más profunda y no tan aparente. Él sabe que más allá de la sed
natural que esta mujer desea saciar, ella ha cargado con una sed en

su alma que el agua natural nunca podrá saciar y que solamente podrá saciar Jesús, el Agua viva.

¿No es interesante que lo que Jesús pide —«dame de beber»— sea precisamente lo que ella necesita? Todo lo que Dios nos pide, nos ha pedido o nos pedirá, nunca será porque necesite algo de nosotros, o porque le haga falta algo, sino, más bien, porque ¡Él sabe que los necesitados somos nosotros! Eso mismo que pide nos hace falta a nosotros. No es que sienta que le hace falta adoración cuando Dios nos pide que lo adoremos; Él ya tiene una multitud de ángeles que lo adoran sin cesar y también existen para adorarlo animales, plantas y todo lo creado. Dios no necesita que lo adoremos; Él es suficiente en sí mismo, pero nosotros sí necesitamos adorarlo. Es una necesidad esencial para nosotros estar en comunión con nuestro Creador y adorarlo. Como ya he mencionado, terminaremos adorando a algo o a alguien si no adoramos a Dios. Él no necesita que yo lo adore, pero yo sí necesito adorarlo. En el mismo sentido, Él no necesita que yo lo ame cuando me pide que lo ame, pero yo sí necesito amarlo. Él no necesita que yo lo siga cuando me pide que lo siga, pero yo sí necesito seguirlo.

Casi siempre existe una necesidad aparente que nos está impulsando cuando nos acercamos a Dios. Una ruptura amorosa que nos ha dejado el corazón herido, un diagnóstico médico que nos advierte sobre un inminente deterioro de la salud, un problema matrimonial que amenaza fracturar la unidad familiar, un despido repentino de trabajo que ahora nos deja con un futuro incierto. Todos esos escenarios describen problemas verdaderos que producen sufrimiento y dolor real y profundo, pero hay una necesidad aún mayor en cada una de esas situaciones que muchas veces pasa inadvertida por causa de la urgencia que demanda la necesidad aparente e inmediata. La condición de nuestra alma es esa necesidad mayor.

En una ocasión, Jesús estaba enseñando cuando le trajeron a un hombre paralítico. Jesús le dijo al verlo: «Hombre, tus pecados te son perdonados» (Luc. 5:20). Es obvio que ese hombre paralítico tenía la urgente necesidad de ser sano, y para eso lo trajeron a Jesús. ¿Por qué entonces Jesús no lo sanó? Jesús sabía que, más allá de la necesidad aparente de ser sano físicamente, había una necesidad mayor y mucho más profunda: la necesidad de estar en paz con Dios a través del perdón de sus pecados.

Sin perder de vista lo anterior, volvamos a Jesús en Su conversación con la mujer samaritana y veamos cómo comienza a profundizar al decirle:

—Si supieras lo que Dios puede darte y quién es el que te está pidiendo agua, serías tú la que le pediría agua a él y él te daría agua que da vida. (Juan 4:10, NBV)

La mujer no se da cuenta de que Jesús ya comenzaba a apuntar a su necesidad mayor, y por eso sigue enfocada en su necesidad aparente y responde:

—Señor, ni siquiera tienes con qué sacar el agua y el pozo es muy hondo. ¿Cómo me vas a dar agua que da vida? (Juan 4:11, NBV)

Jesús comienza a hablarle de la satisfacción de la vida eterna, ¡y la mujer está pensando en que a Jesús le hace falta una cubeta! ¿Cuántas veces nos pasa lo mismo? Muchas veces, Dios quiere hacer una obra profunda en nosotros, pero no nos damos cuenta y preferimos quedarnos en lo superficial.

La triste realidad es que nuestro corazón es muy despistado y está demasiado habituado a enfocarse solamente en las necesidades aparentes. Eso hace que prestemos poca atención a las necesidades profundas. Piensa en todo lo que te preocupa diariamente, todo lo que te hace perder el sueño y te provoca ansiedad. Considera la mayoría de tus peticiones de oración que compartes con los demás. Podría estar seguro de que, entre todas esas preocupaciones, muchas son en realidad necesidades aparentes. La Biblia denomina «afanes» todo lo que hacemos para tratar de suplir nuestras necesidades aparentes.

La mujer samaritana estaba afanada por terminar con sus deberes o afanada buscando salidas para seguir adelante con su lucha diaria. Podría pensar que se encontraba afanada por satisfacer todos sus anhelos insatisfechos. Estaba tan afanada por la vida que anhelaba, que no se daba cuenta de que, en ese momento, conversaba con Aquel que *es* la Vida eterna.

Dios tiene Su manera de tratar con nuestros afanes, pero para eso, debe enseñarnos a levantar nuestra vista más allá de nuestras preocupaciones circunstanciales y a dejar de mirar lo temporal y comenzar a mirar hacia lo eterno.

UNA PROVISIÓN PROFUNDA

Jesús continúa conversando con la samaritana y ahora le explica verdades espirituales que pueden traer libertad a su corazón y descanso a su alma, pero como ya he dicho acerca de la tendencia humana que todos tenemos, ella sigue pensando en lo temporal, en su necesidad inmediata y en su conveniencia.

Jesús le respondió: «Todo el que beba de esta agua volverá a tener sed, pero el que beba del agua que Yo le daré, no tendrá sed jamás, sino que el agua que Yo le daré se convertirá en él en una fuente de agua que brota para vida eterna».

«Señor», le dijo la mujer, «dame esa agua, para que no tenga sed ni venga hasta aquí a sacarla». (Juan 4:13-15)

Me llama la atención lo claro que está siendo Jesús. Él le está ofreciendo agua viva que le dará vida eterna y que calmará su sed para siempre. Lo más natural sería que ahora la samaritana pregunte: «¿A qué te refieres con eso, Señor? ¿Qué significa exactamente *vida eterna*?». Pero no... ella solo está pensando en dos cosas: calmar esta sed que tiene ahora y librarse de esta tediosa labor de tener que venir a sacar agua diariamente.

En este momento, cualquiera comenzaría a criticar a la samaritana, pensando: *¿Cómo se te ocurre? ¿Cómo no te das cuenta? ¿Tienes a la fuente de vida eterna enfrente y solo puedes pensar en tu sed momentánea y en tu labor temporal?*

Pero lo cierto es que todos somos iguales. ¿Cuántas veces Dios me ha llamado a confiar y poner mi vista en las cosas eternas y yo me quedo enfrascado y angustiado en los asuntos terrenales y temporales? No es por nada que Jesús predicó en el Sermón del Monte las siguientes verdades:

> ... no se preocupen por su vida, qué comerán o qué beberán; ni por su cuerpo, qué vestirán. ¿No es la vida más que el alimento, y el cuerpo más que la ropa? [...] Por tanto, no se preocupen por el día de mañana; porque el día de mañana se cuidará de sí mismo. Bástenle a cada día sus propios problemas. (Mat. 6:25,34)

Mientras yo estoy distraído con lo temporal, Dios me apunta a lo eterno y mi corazón es tan despistado que, cuando Dios me ofrece lo eterno, yo me aferro a lo temporal.

Pablo describe esa misma verdad cuando nos llama a «no poner nuestra vista en las cosas que se ven, sino en las que no se ven. Porque las cosas que se ven son temporales, pero las que no se ven son eternas» (2 Cor. 4:18). Por lo tanto, adorar a Dios es recordarle a nuestra a alma que debe dejar de mirar y confiar en lo temporal, para elevarse al contemplar al Dios eterno y esperar en Él. Jesús está ahora a punto de mostrarle a la mujer samaritana que su mirada, confianza y búsqueda en aquello que es temporal nunca la ha llenado y nunca lo hará.

UNA DISTRACCIÓN CONVENIENTE

El pastor John Piper menciona en su libro *Sed de Dios*:

> El agua ofrecida a la samaritana era la Palabra de verdad y el poder del Espíritu. Cuando vamos a Cristo para beber, lo que bebemos es verdad: no una verdad seca, sin vida y sin poder, ¡sino una verdad empapada del Espíritu de Dios dador de vida! La Palabra de la promesa y el poder del Espíritu son el agua viva ofrecida a la samaritana.[1]

Jesús todo lo sabe, y sabe todo sobre esta mujer. Él conoce todas sus ilusiones, ambiciones, frustraciones y decepciones. Sabe que nada de lo que ella ha probado le ha producido satisfacción. También sabe que una verdadera obra de renovación profunda en su vida solo podrá

---

[1] John Piper, *Sed de Dios* (Barcelona, España: Publicaciones Andamio, 2015), edición para Kindle, ubic. 1197.

realizarse cuando Él le presente la Palabra de verdad por el poder del Espíritu de Dios. Para eso, Jesús debe de inmiscuirse gentilmente todavía más adentro de su corazón:

Jesús le dijo: «Ve, llama a tu marido y ven acá». «No tengo marido», respondió la mujer. Jesús le dijo: «Bien has dicho: "No tengo marido", porque cinco maridos has tenido, y el que ahora tienes no es tu marido; en eso has dicho la verdad».

La mujer le dijo: «Señor, me parece que Tú eres profeta. Nuestros padres adoraron en este monte, y ustedes dicen que en Jerusalén está el lugar donde se debe adorar».

(Juan 4:16-20)

Jesús está llegando al área más sensible del corazón de la mujer y empieza a tocar el área de la que no quiere hablar o se avergüenza. Se trata de la razón por la que va a sacar agua a escondidas, justo donde Jesús descubre el anhelo insatisfecho de su alma. Ella intenta evadir la pregunta haciendo uso del mecanismo de defensa que seguramente ha usado por mucho tiempo: decir la verdad a medias.

Su respuesta era una verdad parcial, pues no estaba casada con quien vivía, pero también era parcialmente mentira, puesto que ya había estado casada en cinco ocasiones y el hombre con quien convivía no era su marido. Me sorprende la manera en que Jesús responde, porque no le dice: «No mientas; tú sí tienes alguien con quien convives como marido». Él pudo haber respondido así ante su evasiva, pero prefiere seguir acortando las distancias y atraerla a Él con lazos de amor (Os. 11:4). Jesús actúa de forma gentil y sabia cuando le dice que ha contestado bien, pero está equivocada.

John Burke señala que Jesús mostraba gracia en todos Sus encuentros, pero siempre combinó la gracia con la verdad. La verdad no solo señala la realidad del pecado, sino que también nos muestra la realidad de la imagen de Dios evidente en la vida de las personas en quienes podía ver rasgos de carácter dados por Dios.[2]

Jesús reconoce que el alma de la mujer está sedienta por conocer el verdadero amor, porque Dios la ha creado para amar y ser amada. Desconocemos su experiencia en la vida, aunque algunos sospechan que tal vez fuera una mujer de la calle, por la cantidad de maridos que tuvo. Otros la imaginan como una mujer que pudo haber sufrido abuso y rechazo una y otra vez por la misma razón. Sin importar su historia, Jesús sabe que ella está en pecado y por eso la confronta. Pero también sabe que ella ha estado sedienta del verdadero amor toda una vida.

Jesús se ha tomado el tiempo de pasar por Samaria, iniciar una conversación con la mujer, cruzar barreras culturales y religiosas, mostrar gentileza y paciencia al hablarle, confrontar con gracia y verdad su pecado y descubrir el anhelo de su alma. Justo cuando crees que la mujer está a punto de confesar su necesidad de Dios y de agua viva… ¡hace una observación de naturaleza religiosa completamente ajena a su realidad!

El corazón humano es experto en huir de la verdad que nos confronta y prefiere esconderse detrás de asuntos y preferencias religiosos, con tal de no humillarse y rendirse ante Dios en adoración. A veces, hasta la teología puede convertirse en una distracción conveniente cuando el Espíritu Santo quiere traer convicción de pecado a nuestro corazón.

---

[2] Ver John Burke, *El barro y la obra maestra* (El Aprendiz, 2021), edición para Kindle.

Jesús responde una vez más con paciencia. Ahora apunta todavía más lejos y explica algunos de los principios de la adoración a Dios más claros y contundentes en toda la Escritura.

Jesús le dijo: «Mujer, cree lo que te digo: la hora viene cuando ni en este monte ni en Jerusalén adorarán ustedes al Padre. Ustedes adoran lo que no conocen; nosotros adoramos lo que conocemos, porque la salvación viene de los judíos. Pero la hora viene, y ahora es, cuando los verdaderos adoradores adorarán al Padre en espíritu y en verdad; porque ciertamente a los tales el Padre busca que lo adoren. Dios es espíritu, y los que lo adoran deben adorar en espíritu y en verdad». (Juan 4:21-24)

Bob Kauflin nos explica esa grandiosa verdad:

El Creador del universo está buscando verdaderos adoradores en todas partes. Pero ¿por qué está Dios buscando algo? Si todo lo sabe y todo lo ve, no es posible que se le pierdan las cosas. Y si Dios es autosuficiente, no tiene ninguna necesidad. ¿Por qué Dios buscaría algo? Buscamos lo que es importante para nosotros. Buscamos lo que tiene valor. Y Dios está buscando verdaderos adoradores, porque a Dios le importan los verdaderos adoradores.[3]

Debido a que Dios quiso hacer de esta mujer una adoradora, la conversación toma el rumbo menos esperado.

---

[3] Bob Kauflin, *Verdaderos adoradores: Anhelando lo que a Dios le importa* (Colombia: Poiema Publicaciones, 2018), edición para Kindle, ubic. 155.

UNA IDENTIDAD REVELADA

La mujer le dijo: «Sé que el Mesías viene (el que es llamado Cristo); cuando Él venga nos declarará todo».

Jesús le dijo: «Yo soy, el que habla contigo». (Juan 4:25-26)

Nunca Jesús se había revelado así, de forma tan informal y abierta. Él está diciendo categóricamente que ella tenía enfrente a ese Mesías que esperaba. El pastor MacArthur dice:

Esta es la más singular, directa y explícita declaración mesiánica que Jesús jamás haya hecho. No hay ninguna evidencia bíblica de que haya dicho esto tan francamente a nadie más. No hay ningún otro registro de que se revelara tan expresamente, sino hasta la noche en que fue traicionado.[4]

La conversación que comenzó con una simple petición de agua para beber terminó con una sorprendente declaración sin precedentes de la identidad de Jesús. La mujer samaritana fue transformada de forma sobrenatural en el transcurso de una conversación divina, hasta el punto de que la Biblia dice que dejó su cántaro (olvidando la tarea que la llevó al pozo), regresó a su pueblo, les contó a todos que había encontrado al Mesías y muchos creyeron en el mensaje del evangelio por su testimonio. Esta es la historia de una vida transformada por el amor paciente de Dios.

Jesús quiso entablar una conversación con una mujer pecadora.

---

[4] John MacArthur, *Doce mujeres extraordinarias* (Nashville, TN: Grupo Nelson, 2006), edición para Kindle, 188.

Jesús quiso interrumpir los quehaceres de una mujer
   rechazada.

Jesús quiso demostrar el amor de Dios gentil, paciente y
   compasivo a una mujer sola.

Jesús quiso revelarse como el Hijo de Dios a una mujer
   sedienta por conocer el verdadero amor.

Cada vez que nos rendimos a adorar, entablamos una
   conversación divina

con el Dios que nos buscó y nos interrumpió,

que nos escuchó atento y nos confrontó pacientemente,

que sigue revelándose,

que sigue amándonos.

CAPÍTULO 6

Matices de gracia y gloria

...somos la obra maestra de Dios.
Él nos creó de nuevo en Cristo Jesús...
Efesios 2:10, NTV

BOB ROSS ERA UN PINTOR norteamericano conocido por la serie de televisión que protagonizó por varios años en el canal de la televisión pública en Estados Unidos. Tenía un estilo de pintar sencillo que era particular por su espontaneidad; es decir, no realizaba trazos previos o bocetos sobre los cuales basarse para realizar sus pinturas. Se trataba de un personaje muy peculiar y solo bastaba con ver un episodio para darse cuenta de la enorme alegría con que Bob pintaba sus cuadros.

Como su programa estaba dedicado a enseñar a pintar a principiantes, Bob narraba lentamente a su audiencia cómo hacer los trazos, combinar los colores y arriesgarse a incluir nuevos elementos en el cuadro; de hecho, había una frase que lo identificaba cuando se animaba a hacer uno de sus trazos impredecibles: «No cometemos errores; solamente, accidentes felices». Mientras lo decía, era notable en su voz suave y pausada el deleite que sentía al realizar esos trazos.

Dios es el Artista original y por excelencia. Las primeras palabras que se usan en la Biblia para describir a Dios es que Él es un Dios Creador. Antes de llamarlo poderoso, antes de describirlo como sabio, la Escritura lo identifica como el Creador de la vida (Gén. 1:1). Dios es el soberano de la historia (Hech. 17:26) y el autor de nuestra salvación (Heb. 2:10).

La Biblia dice que la mayor obra de arte que Dios ha hecho es Su obra de gracia y gloria en nuestras vidas a través de Jesucristo. Pablo lo explica de la siguiente manera:

> Dios los salvó por su gracia cuando creyeron. Ustedes no tienen ningún mérito en eso; es un regalo de Dios. [...] Pues somos la obra maestra de Dios. Él nos creó de nuevo en Cristo Jesús, a fin de que hagamos las cosas buenas que preparó para nosotros tiempo atrás. (Ef. 2:8,10, NTV)

Presta atención a la frase «la obra maestra de Dios», que en otras versiones de la Biblia se traduce como «hechura Suya» (NBLA) o «creación de Dios» (NBV). Pablo usa en el original griego la palabra *poiema,* de cuya raíz se deriva nuestra palabra en español *poema.* La Biblia de estudio teológico dice que ese vocablo griego puede tener la connotación de la obra de un artesano hábil.[1]

Si nuestra vida fuera como un lienzo en blanco, Dios sería el pintor que gozoso iría trazando perfectamente nuestros días, combinando con excelencia los colores de nuestra personalidad y carácter con los matices de Su gracia, gloria y misericordia. Mientras lo hace, se irá deleitando totalmente en Su creación. Aunque muchas veces no comprendamos el diseño del cuadro que Él está pintando, podemos estar seguros de

---

[1] D. A. Carson, en *Biblia de Estudio Teología Bíblica* (Nashville, TN: Editorial Vida, 2022), 2195.

que realmente no comete errores, y Sus decisiones que podrían parecer tan impredecibles siempre serán «accidentes» soberanamente felices para nuestro bien.

Me parece que hay un personaje en la Biblia que más claramente nos muestra el sublime proceso de gracia y gloria de Dios para transformar hermosamente la vida de una persona que Él ama. Me refiero a la historia de Jacob, un hombre que experimentó gracia sobre gracia y que fue llevado de gloria en gloria. Es una historia que nos muestra cómo Dios puede hacer de nuestra vida una obra de arte y cómo la gloria de Dios nos encuentra, confronta y transforma.

EL PRINCIPIO DE UNA VIDA DE GRACIA

Jacob juega un papel muy importante en la historia de la Biblia. Es el último de la trilogía de los patriarcas, el progenitor de las doce tribus de Israel, y la nación de Israel toma de él su nombre. No se puede ignorar toda la serie de eventos asombrosos en la vida de Jacob, no solo porque vemos la providencia de Dios sobre su vida, sino también porque de una forma u otra, todos podemos identificarnos con la historia de Jacob.

Uno de los elementos distintivos en la experiencia de Jacob es cuán precisa es la Escritura con respecto a los encuentros de Dios con él, no solo por los detalles que se presentan, sino también por la importancia que estos encuentros tuvieron en el desarrollo de la vida de Jacob. Ellos muestran que nadie que tenga un encuentro con Dios podrá permanecer igual. Un encuentro santo, poderoso, glorioso con el Dios verdadero te cambiará para siempre.

Desde el principio podemos ver evidencias de la gracia de Dios sobre esta familia. Después de que la estéril Sara y el anciano Abraham fueron testigos del milagroso nacimiento de Isaac, este último alcanzó la mayoría de edad y encontró de manera providencial a su esposa, Rebeca, hija de Betuel el arameo. Pero había un problema: Rebeca tampoco podía tener hijos. Isaac, entonces, se presentó ante el Señor en oración y Él les concedió mellizos. Rebeca supo que no sería un embarazo normal desde el momento de la concepción, pues había una lucha dentro de su vientre. El Señor le confirmó su sentir al decirle:

«Dos naciones hay en tu seno,
Y dos pueblos se dividirán desde tus entrañas;
Un pueblo será más fuerte que el otro,
Y el mayor servirá al menor». (Gén. 25:23)

Se le había confiado a Rebeca una información divina que marcaría la crianza de sus dos hijos para siempre. Llegó el momento del alumbramiento y las circunstancias fueron tan extraordinarias que sirvieron como base para escoger los nombres de sus hijos.

Cuando se cumplieron los días de dar a luz, había mellizos en su seno. El primero salió rojizo, todo cubierto de vello, y lo llamaron Esaú [*Velludo*]. Y después salió su hermano, con su mano asida al talón de Esaú, y lo llamaron Jacob [*Suplantador*]. (Gén. 25:24-26)

Escoger los nombres de los hijos siempre será un evento muy especial (y para ciertas parejas, un tanto conflictivo), pero en el mundo antiguo, era un acto sumamente importante y muy significativo. Se creía en ese tiempo que el nombre desempeñaría un papel clave en el desarrollo del destino del individuo.[2]

---

[2] John H. Walton y Victor H. Matthews, en *The IVP Bible Background Commentary* (Downers Grove; IL: InterVarsity Press, 1997), 55.

A Jacob se lo llamó «Suplantador» porque nació agarrado del talón de su hermano mayor. Es como alguien que va segundo en una carrera y en el último minuto hace tropezar golpeando el talón de quien lleva la delantera, lo jala, hace trampa y ocupa su lugar para ganar la competencia. Ese era Jacob desde su nacimiento. Esa lucha y ese ímpetu por esforzarse caracterizarían a Jacob por el resto de su vida. El simbolismo aquí lo es todo. Vemos al segundo gemelo tratando desesperadamente de alcanzar al primero. Es obvio que la lucha en el vientre continuará afuera también.[3]

La historia de Jacob continúa y, de pronto, encontramos este par de importantes versículos que nos describen la personalidad y los rasgos del carácter, tanto de Esaú como de Jacob:

> Los niños crecieron, y Esaú llegó a ser diestro cazador, hombre del campo. Pero Jacob era hombre pacífico, que habitaba en tiendas. Isaac amaba a Esaú porque lo gustaba lo que cazaba, pero Rebeca amaba a Jacob. (Gén. 25:27-28)

No es posible analizar toda la problemática de favoritismo que claramente existía en esta familia disfuncional, por lo que nos enfocaremos en destacar las palabras que la Escritura usa para describir el carácter de Jacob: «hombre pacífico». No sé tú, pero yo desde pequeño siempre tuve la idea de que Jacob era una especie de mafioso impostor, engañador y corrupto, pero no es la imagen que da a entender esa descripción. Mira lo que nos explica el Dr. Derek Kidner, en su comentario bíblico:

> La palabra traducida como «pacífico» por lo general significa «perfecto». Este es un término de la más alta aprobación

---

[3] Gordon Wenham, *Word Biblical Commentary*, Génesis 16–50 (Nashville, TN: Thomas Nelson Inc, 2000), 177.

moral. Es la misma palabra que se usa para describir el carácter de Job en Job capítulo 1. Esto puede sugerir que, contrariamente a la opinión popular que se tiene de Jacob como un personaje abiertamente fraudulento, en realidad él parecía más bien un niño de familia tranquilo y de buen comportamiento».[4]

La Biblia sigue desenvolviendo la historia y podemos ver que Jacob era en realidad un oportunista de la vida, un joven bien portado, determinado y persistente, listo para aprovechar cada oportunidad que se le presentara y dispuesto a sacarle provecho a todo, al punto de que no le importaba si para lograrlo tenía que pasarle por encima a alguien. Su egoísmo alimentaba su determinación y el ímpetu de su determinación era evidencia de su gran necesidad de la gracia de Dios.

Esta pasión por salir adelante y luchar contra la vida, con el tiempo llevaría a Jacob por un camino de discordia contra su hermano, cuando aprovecharía la oportunidad para negociar los derechos de primogénito. También lo llevó a engañar a su propio padre, cuando usurpó el lugar de su hermano y mintió a su padre enceguecido por la vejez para obtener la bendición reservada para el primogénito.

Entonces Jacob fue a su padre, y le dijo: «Padre mío». «Aquí estoy. ¿Quién eres, hijo mío?», preguntó Isaac. Jacob contestó a su padre: «Soy Esaú tu primogénito. He hecho lo que me dijiste [...]. Siéntate y come de mi caza para que me bendigas». (Gén. 27:18-19)

---

[4] Derek Kidner, *Genesis: An introduction and Commentary* (Downers Grove; IL: InterVarsity Press, 1975), 152.

Ahora empezamos a darnos cuenta de cuál era la verdadera motivación que impulsaba a Jacob a ser como era y a hacer lo que hacía. Él
anhelaba la bendición del primogénito, pero no tenía derecho a tal bendición al haber nacido segundo. Jacob estuvo dispuesto a negociar, engañar, mentir y defraudar, con tal de conseguir la bendición del primogénito,
porque esa bendición significaba satisfacción y la aprobación de su padre.

Todos luchamos de una u otra manera con la vida, todos nos esfor-
zamos, todos nos frustramos, planeamos, negociamos, quizás algunos
engañamos, otros más mentimos, pero todos solemos actuar de forma
egoísta en algún momento. Finalmente, todos anhelamos lo mismo:
bendición en la vida y la aprobación de nuestro Creador.

Cuando Jacob se dio cuenta de que su hermano Esaú buscaba
venganza, escuchó el consejo de su madre y entendió que era hora
de marcharse. Nunca se imaginó que ese viaje que estaba a punto de
emprender cambiaría su vida por completo.

LA PROMESA DE SU GRACIA: BETEL

Jacob había sido un oportunista, mentiroso e impostor y ahora se acababa de convertir en un fugitivo que se dirigía a una tierra extraña.
Durante su largo viaje, se tomó un descanso y tuvo un sueño.

> Tuvo un sueño, y vio que había una escalera apoyada en la
> tierra cuyo extremo superior alcanzaba hasta el cielo. Por
> ella los ángeles de Dios subían y bajaban.
>
> El SEÑOR estaba de pie junto a él, y dijo: «Yo soy el SEÑOR,
> el Dios de tu padre Abraham y el Dios de Isaac. La tierra en
> la que estás acostado te la daré a ti y a tu descendencia.
> (Gén. 28:12-13)

Jacob experimentó esta asombrosa visión sobrenatural en la que Dios le habló. El mensaje y la promesa que Dios le hizo fueron una reafirmación del pacto que Dios había hecho ya con su padre y su abuelo. Es muy probable que Jacob estuviera familiarizado con esas palabras porque su padre le pudo haber compartido la historia de cómo Dios le había hablado a él y antes a su abuelo Abraham. Sin embargo, escuchar estas palabras directamente de Dios mismo debió haber sido una experiencia verdaderamente gloriosa. Es indudable que tener un encuentro con Dios te cambia para siempre porque cuando Dios se revela, imparte de Su gloria, comunica Sus propósitos y afirma Sus promesas.

> ... Yo estoy contigo. Te guardaré por dondequiera que vayas y te haré volver a esta tierra. No te dejaré hasta que haya hecho lo que te he prometido. (Gén. 28:15)

¿Qué haces con una promesa como la que escuchó Jacob? ¿Cómo respondes después de escuchar a Dios mismo hablarte con esas contundentes palabras? Esta fue la respuesta de Jacob:

> «Si Dios está conmigo y me guarda en este camino en que voy, y me da alimento para comer y ropa para vestir, y vuelvo sano y salvo a casa de mi padre, entonces el SEÑOR será mi Dios. Y esta piedra que he puesto por señal será casa de Dios; y de todo lo que me des, te daré el diezmo». (Gén. 28:20-22)

¿Qué clase de respuesta le dio Jacob al Señor? Después de tener un encuentro con el Dios viviente, pareciera que Jacob solo estaba interesado en su propio bienestar. ¡Los rasgos del carácter de Jacob seguían bastante presentes! Vemos a un Jacob que estaba más preocupado por su viaje, comida y vestido que por el gran plan que Dios tenía para él. Jacob básicamente estaba haciendo una transacción con Dios y le decía que, si lo cuidaba y protegía en su viaje, le proveía comida y vestido, entonces Dios sería su Dios ¡y Jacob le daría el diez por ciento de su vida!

El pastor Kent Hughes, en su comentario de Génesis, explica que: «"Si" y "entonces" no son el lenguaje de la fe. La fe no negocia con Dios, diciendo que "si Dios hará esto y aquello, entonces lo haré mi Dios"».[5]

Esto es algo similar a lo que sucede en la vida de muchos cristianos actuales, porque esa oración de Jacob se parece demasiado a las oraciones cristianas contemporáneas. Solemos decirle al Señor: «Cuídame y protégeme en mi viaje, dame comida deliciosa y vestidos finos, y tú serás mi Dios, te adoraré y te serviré con un porcentaje de mi vida. Amén».

Cuántos creyentes tienen un encuentro genuino con Dios, pero se quedan a vivir en Betel por el resto de sus días. Su relación con Dios depende exclusivamente de las bendiciones que ellos perciban que Dios les otorga. Se entregan a Dios parcialmente y su cristianismo es débil porque su fe es superficial.

Jacob continuó su viaje y llegó a Harán, la tierra de los parientes de su madre. Allí encontró el amor, trabajó durante varios años para poder casarse con la mujer que amaba y llegó la boda, pero fue engañado por su suegro, quien le entregó a Lea, su otra hija, en matrimonio. Jacob no se rindió y trabajó aún más para finalmente casarse con Raquel, la mujer que amaba. Llegó a formar una gran familia con muchos sirvientes y posesiones. Esta prosperidad podría verse como una bendición evidente de Dios sobre la vida de Jacob, pero, de pronto, Dios le habló

---

[5] Kent Hughes, *Genesis: Beginning & Blessing* (Wheaton; IL: Crossway Books, 2004), 361.

de una cuenta pendiente por saldar y le ordenó: «Vuelve a la tierra de tus padres y a tus familiares, y Yo estaré contigo» (Gén. 31:3).

LA PROVIDENCIA DE SU GRACIA: MAHANAIM

Cuando Jacob y su familia emprendieron en secreto su viaje de regreso a su tierra natal, Labán, su suegro, se dio cuenta de que se marchaban y fue con varios hombres a interceptarlos. Las palabras de Labán luego de alcanzarlos en el camino fueron un testimonio de que Dios estaba cumpliendo Sus promesas sobre la vida de Jacob, pero también sacaron a luz que el Dios de Betel no era el único dios en la familia de Jacob, pues Raquel se había robado los ídolos de su padre.

«Tengo poder para hacerte daño [dijo Labán a Jacob], pero anoche el Dios de tu padre me dijo: "De ningún modo hables a Jacob ni bien ni mal". Ahora, ciertamente te has marchado porque anhelabas mucho la casa de tu padre. Pero ¿por qué robaste mis dioses?». (Gén. 31:29-30)

El reclamo de Labán a Jacob nos deja ver varias realidades. Una de ellas es que aquellos que van por la vida como oportunistas, engañando a quien sea para salir adelante, tarde o temprano se van a encontrar con otros oportunistas que harán lo mismo con ellos. Un engañador conoció a otro engañador cuando Jacob conoció a Labán, alguien con más experiencia de haber engañado y con más recursos para seguir engañando. Labán engañó muchas veces a Jacob, comenzando con darle la mano de la hija equivocada, llevándolo a que trabajara más y más, al punto de que, en sus propios tratos laborales, Labán siguió engañando a Jacob, vez tras vez, sacándole provecho y quedándose con las ganancias.

La Biblia nos dice que Jacob llegó a tenerle miedo a Labán por lo que podría hacer (Gén. 32:31). Una persona que vive engañando vivirá con miedos permanentes porque sabe en su conciencia que otros pueden hacerle lo mismo. Ese miedo y desconfianza de Jacob eran contagiosos, y su esposa Raquel lo evidenció al robarse los ídolos de su padre. Se podría decir que Raquel pensaba que Dios no era suficiente para salvarlos y guardarlos en su viaje. Necesitaban ayuda extra de otros dioses. Dios no había perdido el control en medio de todo este drama y seguía paciente mientras creaba una obra de gracia en la vida de Jacob para mostrar Su gloria.

Cuando Jacob siguió su camino, los ángeles de Dios le salieron al encuentro. Y al verlos, Jacob dijo: «Este es el campamento de Dios». Por eso le puso a aquel lugar el nombre de Mahanaim [Dos campamentos]. (Gén. 32:1-2)

Dios le mostró una vez más a Jacob que no estaba solo, porque junto a su campamento, había otro campamento. Recordemos que la razón por la cual Jacob viajaba de regreso a su tierra natal era porque Dios le había dicho que había llegado el tiempo de enfrentar a su hermano Esaú a quien había engañado y robado veinte años atrás. Jacob envió mensajeros para que se adelantaran y prepararan el encuentro con su hermano. Ellos regresaron y le dijeron que Esaú venía a su encuentro con un ejército de hombres. Jacob se aterrorizó con esas palabras.

Jacob tuvo mucho temor y se angustió. Dividió en dos campamentos la gente que estaba con él, y las ovejas, las vacas y los camellos, y dijo: «Si Esaú viene a un campamento y lo ataca, el campamento que queda escapará». (Gén. 32:7-8)

Presta atención a lo que estaba sucediendo: Jacob dividió a toda su familia, siervos y posesiones en dos campamentos. El pensamiento que lo guio a tomar esta decisión fue que un campamento podría escapar con vida si el otro era atacado. Una de las características de los oportunistas o engañadores es que siempre tendrán un plan B. Han aprendido que se les puede venir abajo en cualquier momento sea cual sea el plan que han maquinado, y entonces necesitarán una alternativa que les permita escapar sin sufrir tanto daño.

Mahanaim es el lugar que Dios escogió para encontrarse con Jacob y recordarle que no fue su sagacidad, sus estrategias humanas, capacidades o experiencias lo que lo sacó adelante en la vida. Lo significativo del nombre Mahanaim (dos campamentos) no está en que Jacob haya sido tan bendecido por Dios que pudo separar a su gente en «dos campamentos», sino que, por encima del gran campamento de familia, siervos y posesiones de Jacob, siempre hubo «otro campamento» que fue la fiel presencia de Dios y que acompañó providencialmente a Jacob a lo largo de todo su peregrinar.

El carácter egocéntrico de Jacob estaba siendo confrontado. Él sabía que con su propia astucia no podría salvarse, y por eso clamó a Dios.

Entonces Jacob dijo: «Oh Dios de mi padre Abraham y Dios de mi padre Isaac, oh Señor, que me dijiste: "Vuelve a tu tierra y a tus familiares, y Yo te haré prosperar". Indigno soy de toda misericordia y de toda la fidelidad que has mostrado a Tu siervo. Porque con solo mi cayado crucé este Jordán, y ahora he llegado a tener dos campamentos. Líbrame, te ruego, de la mano de mi hermano, de la mano de Esaú, porque yo le tengo miedo, no sea que venga y me hiera a mí y a las madres con los hijos. Porque Tú me dijiste: "De cierto te haré prosperar, y haré tu descendencia como la arena del mar que no se puede contar por su gran cantidad"». (Gén. 32:9-12)

La oración de Jacob es muy distinta a la que hizo en Betel. Aquí no vemos a un hombre que pretende hacer transacciones con Dios y que busca meras bendiciones materiales. Este Jacob tiene miedo; las consecuencias de sus pecados lo han alcanzado, el peso de sus acciones y de los resultados de su vida le han caído súbitamente sobre su conciencia y solo puede clamar: «indigno soy».

El Pastor Kent Hughes señala que esta oración incluye elementos de invocación, confesión y petición, y referencias a la Palabra de Dios al principio y al final. La confesión apasionada de su indignidad y bajeza no habían sido características anteriores de Jacob.[6] Vemos ahora a un Jacob que ha aprendido humildad a través del sufrimiento y confianza en la dependencia. Pero aún está por llegar el encuentro definitivo.

LA PRESIÓN DE SU GRACIA: PENIEL

Esa misma noche, antes de enfrentarse a su hermano Esaú, y durante la que fácilmente podría llegar a ser la última madrugada de su vida, Jacob tiene un encuentro sobrenatural.

Jacob se quedó solo, y un hombre luchó con él hasta rayar el alba. Cuando vio que no podía prevalecer contra Jacob, lo tocó en la coyuntura del muslo, y se dislocó la coyuntura del muslo de Jacob mientras luchaba con él. Entonces el

---

[6] Kent Hughes, *Genesis: Beginning & Blessing* (Wheaton; IL: Crossway Books, 2004), 398.

hombre dijo: «Suéltame porque raya el alba». «No te soltaré
si no me bendices», le respondió Jacob. (Gén. 32:24-26)

Un hombre celestial vino a luchar contra Jacob en la noche más
oscura de su vida. Algunos teólogos le llaman el Ángel del Señor, otros
identifican este encuentro como una teofanía, es decir, una aparición de
Dios tomando forma de hombre. Más allá de la descripción precisa de
este personaje, de una cosa tenemos certeza: ese hombre representaba
directamente a Dios. Como el carácter de Jacob todavía necesita seguir
siendo transformado, este hombre pareciera que viene a lidiar con esas
áreas de su vida que deben morir.

> **Hay momentos en los que Dios va a permitir que**
> **todo parezca que viene en contra de nosotros**
> **—hasta Dios mismo—, pero todo**
> **esto es obra de la gracia severa de Dios.**

Jacob ha luchado contra todos durante toda su vida: su hermano,
padre, suegro y hasta ha luchado contra la vida misma. Ahora es una lucha
de gracia contra Dios. Estamos hablando de la lucha de todas sus luchas.
Jacob es tan persistente que sale lastimado y se disloca el muslo. Dios
actúa con misericordia y le dice que ya es suficiente porque va a amane-
cer. Sin embargo, Jacob le responde: «No te soltaré si no me bendices».

Siempre me imaginé a Jacob respondiendo a esas palabras con
un tono de persistencia, determinación y hasta cierto alarde de fuerza.
Hasta que leí estos versículos en Oseas:

En el vientre tomó a su hermano por el talón,
Y en su madurez luchó con Dios.
Sí, luchó con el ángel y prevaleció,

Lloró y le pidió Su ayuda;

En Betel lo encontró,

Y allí Él habló con nosotros. (Os. 12:3-4)

Contrario a la idea popular de que Jacob ganó esa lucha con Dios porque perseveró intensamente con toda fuerza, la Biblia dice que lloró y pidió ayuda. Una vez más, Kent Hughes nos ayuda a entender lo que estaba sucediendo en la vida de Jacob:

> Aquí descubrimos la actitud del corazón de Jacob en Oseas 12:4: «Luchó con el ángel y prevaleció; lloró y buscó su favor». No fue por un dominio orgulloso que Jacob pidió bendición, sino con lágrimas. Su pedido llegó cuando estaba al final de sí mismo, indefenso. «No te dejaré ir si no me bendices» fue una súplica ahogada por las lágrimas».[7]

De pronto el ángel le hizo a Jacob la pregunta que lo ha perseguido toda su vida: «¿Cómo te llamas?».

La misma pregunta que su padre le hizo años atrás, cuando Jacob usurpó el lugar de su hermano. Pero en esta ocasión, en medio de la lucha, del dolor intenso y del llanto amargo, se escuchó la respuesta: «"Jacob", le respondió él».

Jacob finalmente se rindió y reconoció su condición de hombre oportunista y suplantador. El nombre de Jacob se rindió ante el Nombre del Dios santo. Contra todo pronóstico, Jacob ganó en ese momento.

> Y el hombre dijo: «Tu nombre ya no será Jacob, sino Israel, porque has luchado con Dios y con los hombres, y has prevalecido». Entonces Jacob le dijo: «Dame a conocer ahora

---

[7] Kent Hughes, *Genesis: Beginning & Blessing*, 401.

tu nombre». «¿Para qué preguntas por mi nombre?», le respondió el hombre. Y lo bendijo allí.

Y Jacob le puso a aquel lugar el nombre de Peniel, porque dijo: «He visto a Dios cara a cara, y ha sido preservada mi vida». (Gén 32:28-30)

De ese encuentro podemos deducir varios principios espirituales. En primer lugar, los valores y los principios del reino de Dios son totalmente opuestos a los valores y los principios del reino del mundo. Jesús dijo que el que quiera ser el primero debe ser el último, el líder debe de ser siervo, si quieres ser grande debes ser pequeño y si quieres vivir es necesario morir, de la misma manera que para ganar hay que rendirse.

En segundo lugar, adorar a Dios es entrar en una guerra de nombres, es decir, mi naturaleza que colapsa con Su gloria. Nosotros venimos con nuestro nombre y nuestra gloria y nos presentamos ante el nombre y la gloria de Dios. Nombre humano contra nombre divino, y gloria humana contra gloria divina. Finalmente, el nombre que se impone es el nombre que es glorificado y el nombre que se rinde es el nombre que sigue siendo transformado. Dios siempre es glorificado y nosotros bendecidos al ser transformados y salir triunfantes.

Este encuentro marcará un nuevo capítulo en la vida de Jacob.

¡Su vida nunca será la misma!

¡Su andar no será el mismo!

¡Su nombre no será el mismo!

Era contra Dios, no contra Esaú o Labán,

contra quien había estado midiendo su fuerza.[8]

---

[8] Derek Kidner, *Genesis: An introduction and Commentary* (Downers Grove; IL: InterVarsity Press, 1975), 169.

Detrás de la lucha de gracia en este pasaje vemos una intensa conversación divina entre Dios y Jacob:

Dios: Suéltame, que ya amaneció *(ya tienes suficiente de mí)*.

Jacob: No te dejaré ir a menos que me bendigas *(quiero más de ti)*.

Dios: ¿Cómo te llamas? *(¿quién eres?)*.

Jacob: Jacob *(sé que soy un pecador)*.

Dios: No se llamará más tu nombre Jacob, sino Israel, porque has luchado con Dios y con los hombres, y has vencido *(quiero cambiarte y darte un nuevo nombre)*.

Jacob: Por favor, dime tu nombre *(quiero saber quién eres)*.

Dios: ¿Por qué me preguntas mi nombre? Y allí lo bendijo *(¿realmente me quieres conocer? Déjame bendecirte)*.

Jacob: Porque he visto a Dios cara a cara, y sin embargo mi vida ha sido librada *(¡vi a Dios! ¡Él me ha liberado!)*.

Ahora se nos presenta a un Jacob quebrantado pero transformado, lisiado pero bendecido. Empezamos a ver la obra de arte de Dios porque fue Él quien escogió a Jacob, quien lo hizo luchador, quien lo bendijo y lo hirió hasta transformarlo y darle un nombre nuevo.

Jacob comenzó su vida como un impostor, pero la terminó como un adorador. Así lo dice el libro de Hebreos:

Por la fe Jacob, al morir, bendijo a cada uno de los hijos de José, y adoró, apoyándose sobre el extremo de su bastón. (Heb. 11:21)

La historia de Jacob resuena en cada uno de nosotros, porque todos somos Jacob. Llegamos a conocer a Dios y, al principio, solo queremos ser bendecidos por Él. Sin embargo, Él obra Su propósito perfecto en nuestras vidas y somos transformados a Su imagen por la fe en Cristo Jesús a medida que avanzamos por la vida, experimentamos la desilusión y nos encontramos cara a cara con la severa gracia de Dios.

Porque hubo otro Peniel,
donde hubo otra lucha,
donde vimos el rostro de Dios de otra manera.
Despreciado,
Desechado de los hombres,
Experimentado en aflicción,
y cargó con nuestros dolores.
Lo tuvimos por herido de Dios y afligido.
El otro Peniel fue el Calvario,
Porque el mejor Jacob fue Jesús.
Cuando nosotros queríamos acercarnos al Padre
con nuestras ropas malolientes por el pecado,
para tratar de estafar una bendición,
Él nos detuvo
y nos dijo: «Yo voy en tu lugar,
no como *impostor,*
Sino como *sustituto*».
Y se puso mis ropas de pecado sobre Él,
se acercó al Padre
y le presentó la ofrenda.
Pero en la cruz
no recibió la bendición del Padre,
sino el castigo de mi maldición.
Murió,

pero resucitó con ropas blancas y resplandecientes
que ahora ha puesto sobre mí.

Y me dice: «Ahora sí acércate al Padre.

Ya no tienes que luchar,

recibe ahora la bendición que gané para ti».

CAPÍTULO 7

Corazones afinados

*La actitud de ustedes debe de ser como
la de Cristo Jesús.*
FILIPENSES 2:5, NVI

EL AUDITORIO ESTABA CASI LLENO, y el entusiasmo era evidente. Varios cientos de padres, jóvenes y niños se habían reunido para ver y escuchar a su cantante favorito de música cristiana. Yo era pastor de jóvenes y, junto a otro pastor de jóvenes, habíamos formado un grupo de música electrónica para dirigir las alabanzas en nuestras reuniones y retiros juveniles. Estaba muy entusiasmado porque esa noche nos habían invitado a abrir el concierto de este conocido cantante, pero después de nuestra participación, me quedé observando detrás del escenario y lo que vi me causó profunda tristeza.

Al parecer, el cantante no estaba muy contento con el desempeño del concierto o con la respuesta de la gente, pues al terminar su participación, él y su mánager hablaban y discutían detrás del escenario con el organizador del concierto. Ellos querían irse de inmediato a su hotel, mientras el organizador les pedía que salieran a saludar a los asistentes, entre los cuales había muchos niños que esperaban un saludo o tomarse una foto con ese cantante que tanto admiraban. Al final, el cantante y su mánager, visiblemente molestos, se fueron y salieron por la puerta de atrás, dejando al organizador decepcionado y a los jóvenes y niños esperando en vano.

Esa historia se ha quedado conmigo desde entonces y hasta el día de hoy todavía me pregunto: ¿qué es lo que realmente sucedió tras bambalinas en ese teatro? Como no tengo conocimiento de todos los factores, no puedo emitir un juicio certero. Es posible darle el beneficio de la duda a ese cantante y pensar que no se sentía bien físicamente, por lo que optó por retirarse de inmediato. También podríamos decir que se fue dolido por algo que sucedió en el evento y que no le gustó. Sin embargo, eso es precisamente lo que me molestó, porque esa mala actitud del cantante fue bastante evidente y terminó impactando a los que menos culpa tenían: los niños que se desilusionaron cuando les dijeron que el cantante tan admirado no saldría a saludarlos.

Esa actitud incorrecta me hizo pensar en las palabras de Pablo: «Tengan la misma actitud que tuvo Cristo Jesús» (Fil. 2:5, NTV). Esas palabras inspiradas por el Espíritu Santo llaman a la iglesia a *alinear* sus actitudes con la actitud de Cristo. El tono imperativo de esa exhortación no nos deja otra opción. Todos los que somos discípulos de Jesús estamos llamados a considerar la actitud de nuestro Maestro y a vivir mostrando esa misma actitud.

INSTRUMENTOS AFINADOS

Cuando pienso en una actitud que no está alineada con la actitud de Cristo, la imagen más gráfica que me viene a la mente es la de una guitarra desafinada. ¿Has escuchado alguna vez una guitarra desafinada? Su sonido no es nada placentero. Permíteme explicarte un poco más de esto porque la afinación es algo que nos preocupa mucho a los músicos. La palabra *afinación* en términos musicales se refiere al proceso de *alinear* el tono de un sonido hasta que coincida con una nota musical de referencia. Es decir, la afinación de un instrumento tiene que ver con el sonido que emite cada una de sus cuerdas, que deben vibrar en la *frecuencia correcta* para que, al combinarse el sonido de varias cuerdas, este sea placentero. Así como los instrumentos se afinan, porque de otra manera emitirían un sonido desagradable, el corazón del creyente también debe afinarse, por decirlo de alguna manera, pues si no lo hace manifestará una actitud desagradable que no es la de Jesucristo.

La pregunta que surge naturalmente es: ¿cómo se afina un instrumento? A lo largo de la historia han existido diversos métodos de afinación musical, pero la Organización Internacional de Estandarización fijó la frecuencia de la nota *La* en 440Hz en 1955.[1] Esta organización, con sede en Suiza, documenta todas las medidas que existen y tiene registrado ese estándar de afinación establecido para que todas las guitarras se ajusten a ese patrón.

Si deseas aprender a tocar la guitarra y no sabes cómo afinarla, existe un *afinador* que está calibrado con el estándar de frecuencias correctas. Sin importar cuán principiante seas, sabrás que tu guitarra esta *afinada* y produciendo un sonido fiel siempre y cuando estés *alineando* tu guitarra al estándar.

En el mismo sentido, el estándar del cristiano no son sus emociones ni sus sentimientos, no son las circunstancias ni lo que el mundo le dice sobre cómo pensar, sentir o lo que debe hacer o no hacer.

¡El estándar del cristiano es Cristo!

---

[1] ISO 16:1975, www.iso.org.

Cristo Jesús es el estándar de vida para cada creyente. Nuestra actitud busca ajustarse a Su actitud y nuestro corazón se afina cuando se alinea a Su corazón. Esto es precisamente lo que el apóstol Pablo nos llama a hacer en su carta a los filipenses. Presta atención al contexto:

> Haya, pues, en ustedes esta actitud que hubo también en Cristo Jesús, el cual, aunque existía en forma de Dios, no consideró el ser igual a Dios como algo a qué aferrarse, sino que se despojó a Sí mismo tomando forma de siervo, haciéndose semejante a los hombres. Y hallándose en forma de hombre, se humilló Él mismo, haciéndose obediente hasta la muerte, y muerte de cruz. (Fil. 2:5-8)

Este es un pasaje hermoso de las Escrituras que muchos teólogos y estudiosos consideran que fue escrito como un himno o poema para ser usado por la iglesia primitiva en su tiempo de adoración. Su tema principal es el carácter de Cristo. El carácter se define como la suma de las virtudes y las actitudes correctas con las que vamos construyendo nuestra vida. El llamado de Pablo a la iglesia es a conformar nuestro carácter al de Jesucristo.

La iglesia de nuestros tiempos tiene un problema que produce mucha tristeza: hemos reemplazado la necesidad de tener la actitud de Cristo y buscar el desarrollo del carácter con la exaltación de los talentos, las habilidades o los dones. Sobrevaloramos el carisma, la personalidad, los dones y las habilidades y solemos poner a muchos en posiciones de influencia o liderazgo sin haber tomado el tiempo de evaluar un carácter forjado a través de una actitud piadosa.

Hace algún tiempo, Lucas Leys escribió sobre esto en su cuenta de Twitter:

En una sociedad enamorada del talento, no es de extrañarse que la iglesia confunda elocuencia, afinación *musical* o hasta *look* [buena apariencia] con espiritualidad. Que alguien maneje bien un *stage* [escenario] no es sinónimo de unción y hoy necesitamos más líderes con el carácter de Jesús que con talentos de *stage*».[2]

Carácter es lo que posiblemente le faltó a ese cantante cristiano que dejó a esos niños esperando porque nunca salió a saludarlos. La realidad es que ni ese cantante ni ningún otro músico tolerarían instrumentos desafinados en su presentación. La pregunta que todos nos debemos hacer es: ¿por qué entonces toleramos corazones desafinados?

Quiero invitarte a considerar la exhortación del apóstol Pablo que hemos estado viendo como una especie de *afinador espiritual*, donde Dios nos llama a *alinear* nuestras actitudes hasta que coincidan con la *actitud de referencia*: el carácter de Cristo.

Veamos cinco actitudes del carácter de Jesús que son evidentes en este pasaje:

ACTITUD DE REVERENCIA

… el cual, aunque existía en forma de Dios, no consideró el ser igual a Dios como algo a qué aferrarse… (Fil. 2:6)

El diccionario define la palabra «reverencia» como *respeto* o *veneración*. Yo diría que la reverencia es la antesala de la devoción, porque la reverencia es el reconocimiento constante de que vivimos para la gloria de

---

[2] Lucas Leys, en Twitter, 13 de marzo de 2019, énfasis añadido.

Dios. Jesús sabía que para venir a salvarnos debía despojarse de Su gloria como Dios eterno para encarnarse como humano y vivir sabiendo que todo lo hacía para Dios y para Su gloria. Vivir con reverencia es hacerlo con ese entendimiento persistente y con plena conciencia de que todo nuestro ser se encuentra ante la presencia de Dios y de que voluntariamente nos sometemos a Su autoridad.

El temor a Dios es otro término que usa la Biblia para referirse a la reverencia. Temer a Dios no significa vivir con miedo a Dios, sino vivir con el asombro saludable que produce entender la grandeza y la santidad de Dios, y que las consecuencias de nuestros pecados deshonran y entristecen el corazón del Dios santo que nos ama. El temor de Dios, entonces, está fundado sobre el amor y el respeto a Dios, lo que nos lleva a vivir conscientes de las consecuencias de nuestra obediencia o desobediencia a Dios. Esa es la razón por la que la Biblia nos dice que el temor de Dios es aborrecer el mal (Prov. 8:13) y también que es el principio de la sabiduría (Prov. 1:7, Sal. 111:10).

En la actualidad se ha perdido, en gran medida, el sentido de reverencia. Antes era común ver un respeto por las personas mayores, las autoridades o las instituciones en la cultura y la sociedad en general. Sin embargo, pareciera que hoy estamos experimentando una epidemia de irreverencia generalizada; la falta de respeto a las autoridades es rampante, se ha perdido mucho el respeto a las instituciones y las personas mayores son ignoradas como si no tuvieran valor. No estoy en contra de enfrentar a las autoridades cuando estén claramente cometiendo injusticias, pero dentro de los márgenes de la legalidad, y siempre y cuando se confronte con respeto.[3] La Biblia llama «necedad» a la predisposición

---

[3] Tenemos una variedad de ejemplos bíblicos de cómo confrontar a las autoridades cuando estas han cometido una injusticia. La confrontación debe ser con firmeza y verdad, pero siempre con humildad y respeto. Por ejemplo, esa es la forma

del corazón a actuar continuamente de forma irrespetuosa y a la ligera ante toda autoridad o institución.

El Antiguo Testamento narra la historia de dos hermanos que, aunque eran sacerdotes y servían a Dios en el tabernáculo de reunión, la actitud de sus corazones era de una irreverencia absoluta. Esto fue lo que sucedió cuando se acercaron a adorar a Dios con la actitud equivocada:

> Nadab y Abiú, hijos de Aarón, tomaron sus respectivos incensarios, y después de poner fuego en ellos y echar incienso sobre él, ofrecieron delante del SEÑOR fuego extraño, que Él no les había ordenado. Y de la presencia del SEÑOR salió fuego que los consumió, y murieron delante del SEÑOR. (Lev. 10:1-2)

La Biblia enseña que la persona irreverente es una persona necia, que no toma en cuenta las consecuencias de vivir desobedeciendo los mandamientos del Creador. El necio se siente el dueño absoluto de su existencia y considera en poco el daño que pudiera traer a otros producto de sus actos egoístas, pecaminosos e irreverentes.

> Los necios se burlan de sus propios pecados... (Prov. 14:9a, NBV)

¿Recuerdas que en el primer capítulo hablamos del celo y la devoción que tenía Jesús por la presencia de Dios en el templo? Jesús vivió toda Su vida con un temor reverente (Heb. 5:7). Ese celo brotaba de una actitud de reverencia, porque el celo y la devoción son la manifestación externa de una actitud interna de reverencia, asombro y temor de Dios.

---

en que David confrontó a Saúl (1 Sam. 26:11,17-20), Jesús a Pilato (Mat. 27:11-14) y Pablo al sumo sacerdote Ananías (Hech. 23:1-5).

ACTITUD DE ABNEGACIÓN

... sino que se despojó a Sí mismo tomando forma de siervo... (Fil. 2:7)

La abnegación es tener una actitud de entrega voluntaria al Señor y de renuncia a los intereses propios, por el bien de los demás y para la gloria de Dios. Si la reverencia es el reconocimiento constante de que vivimos delante de Dios como autoridad suprema, la abnegación comienza con el reconocimiento de que vivimos con un corazón que fácilmente puede extraviarse, porque ha sido manchado por causa de nuestro pecado. Para mostrar abnegación, hay que ser conscientes de que fuimos creados para Dios y Su gloria, pero en nuestra desobediencia, nuestro corazón se ha torcido y ahora pretendemos ser los dueños de nuestro propio destino y los arquitectos de nuestro supuesto imperio egoísta.

La abnegación es tener una actitud de entrega voluntaria al Señor y de renuncia a los intereses propios, por el bien de los demás y para la gloria de Dios.

Cuando Jesús se despojó voluntariamente de Su gloria, lo hizo consciente de que dejaba atrás Sus privilegios divinos para vestirse de fragilidad en Su condición humana. La frase *se despojó* en otras versiones es traducida como: «se anonadó a sí mismo» (JBS), «se despojó de su grandeza» (BLP) y «se quitó ese honor» (PDT). El sacrificio que hizo Jesús en Su abnegación fue despojarse de Su gloria para venir a este mundo caído, pero el tipo de abnegación que Él nos llama a tener es todo lo contrario. Jesús me llama a dejar atrás este mundo caído, sus pasiones y deseos para seguirlo a Él rumbo a la gloria.

Jesús lo dijo así: «Si alguien quiere seguirme, niéguese a sí mismo, tome su cruz cada día y sígame» (Luc. 9:23). La abnegación a la cual Jesús me llama implica negarme a mí mismo, tomar la cruz y reconocer que, para seguir a Jesús como mi Salvador, primero debo de dejar de seguirme a mí mismo como mi propio salvador.

El arte contemporáneo es una de las áreas donde podemos observar un claro contraste entre la abnegación y la soberbia. El arte nos ha sido dado por Dios como un medio de expresión para poder manifestar nuestro entendimiento de la belleza, la bondad y la verdad. Cuando los discípulos de Jesús creamos arte, estamos reconociendo que fuimos creados por Dios en belleza, bondad y para la proclamación de la verdad.

Sin embargo, cuando el ser humano se pone a sí mismo como el centro del universo, el resultado será la distorsión de la forma en que exprese todo lo que está a su alrededor. Cuando el ser humano actúa de manera soberbia y se considera la medida de todas las cosas, define la belleza de forma egoísta, la bondad a su propia conveniencia y trata de redefinir la verdad buscando relativizarla. De seguro has podido percibir que en el arte popular contemporáneo no existe la abnegación, solamente la expresión individualista, la búsqueda del placer egoísta y la gratificación narcisista. Sobran los ejemplos en la literatura, la música, el cine, el teatro, la pintura y la escultura.

Es entendible que sea así con los que están en el mundo, puesto que un corazón que no ha sido regenerado no puede mostrar la actitud de abnegación a la que nos llamó Cristo. ¡Una persona que no ha nacido de nuevo no puede negarse a sí misma, no tiene el poder y menos la capacidad de hacerlo! Pero el creyente sí ha sido llamado a demostrar esta actitud de abnegación, en todas las áreas de su vida:

¡Hagan morir todo lo que viene de la naturaleza pecaminosa! Apártense de los pecados sexuales, las impurezas, las pasiones bajas y vergonzosas y del deseo de acumular más y más cosas, pues eso es idolatría. (Col. 3:5, NBV)

... considérense muertos a la vieja naturaleza pecadora, y vivan para Dios unidos a Cristo Jesús nuestro Señor. No dejen que el pecado domine su cuerpo mortal; no lo obedezcan siguiendo sus malos deseos. No entreguen ninguna parte de su cuerpo al pecado para que se convierta en instrumento del mal. Más bien, entréguense por completo a Dios, como quienes ya han muerto y han vuelto a vivir. Y preséntenle sus miembros como instrumentos para la justicia. (Rom. 6:11-13, NBV)

Debido a que estoy en Cristo, ya no estoy más sometido al pecado y puedo presentarme como un instrumento de justicia para Dios y resistirme a ser un instrumento de muerte dedicado a mi carne y al pecado. Un cristiano que no reconoce la necesidad diaria de la abnegación personal siempre será un cristiano superficial y carnal que vivirá una vida estancada en Betel, como vimos en el capítulo pasado de Jacob, simplemente tratando de negociar bendiciones con Dios sin morir a sí mismo y sin servir a Dios y a los demás.

ACTITUD DE SOLIDARIDAD

... haciéndose semejante a los hombres... (Fil. 2:7)

Durante unas vacaciones que tomamos como familia hace unos años, tuvimos la oportunidad de visitar una iglesia en el área donde nos encontrábamos. Era el tiempo de Navidad y estaban celebrando su servicio especial de Noche Buena. La predicación fue muy buena, las alabanzas fueron bellas, el servicio en general fue hermoso, pero lo que nos dejó una mala impresión fue que nadie, absolutamente nadie vino a saludarnos, darnos la bienvenida o hacernos sentir bien recibidos.

Esperamos varios minutos con cara de visitantes para ver si alguien se acercaba, pero nadie lo hizo; de hecho, cuando llegamos al servicio y nos sentamos, nos movieron y nos mandaron a sentar separados unos de otros porque las sillas donde nos habíamos sentado estaban apartadas para el coro. No nos quedó ningún deseo de visitar nuevamente esa iglesia.

Esa experiencia me llevó a ser muy observador con la actitud de los que sirven en los diversos ministerios de la iglesia siempre que visito alguna congregación. Estoy atento a los que sirven en el área de las artes, tocando instrumentos, cantando, estando a cargo de los equipos de sonido o, inclusive, aquellos que están enseñando, predicando y hasta dando los anuncios. Procuro observar cómo interactúan y se mezclan con el resto de la congregación para ver si son intencionales en hablar o saludar a los visitantes.

La realidad es que una queja muy común en muchas congregaciones es producto del descontento existente porque, aparentemente, muchos de los que sirven en posiciones visibles, como los que lo hacen desde la plataforma, no se mezclan con la congregación o algunos ni siquiera participan del servicio. Hay músicos que no se sientan a escuchar el mensaje porque después de tocar dejan el salón y no vuelven hasta que les corresponde tocar de nuevo. Hay pastores que no cantan y no participan en el tiempo de alabanza. Están repasando sus notas en otro lugar o concentrados preparándose solo para su participación. Todos esos casos demuestran que se nos ha olvidado que la iglesia es comunidad y que el llamado a los discípulos de Jesús es un llamado a la unidad y solidaridad.

La solidaridad comienza con el reconocimiento de que fuimos creados para ser parte de una comunidad con la que debemos identificarnos plenamente. En ese sentido, con solidaridad quiero decir que debemos adherirnos a la causa de otros. Jesús vino a este mundo para vivir cerca de aquellos a los cuales quería salvar, se encarnó y se volvió uno de nosotros (Juan 1:14).

La encarnación es el milagro más grande que Dios ha realizado en la creación, aunque ciertamente tendemos a ver la cruz y la resurrección como las más grandes evidencias del amor de Dios. Sin embargo, no podemos dejar a un lado la encarnación del Hijo de Dios, porque sin ella no hubiéramos tenido la crucifixión ni la resurrección.

Jesús cumplió el propósito de salvar al ser humano al venir primeramente a vivir entre nosotros y volverse uno de nosotros. Él quiso vivir en proximidad, muy cerca nuestro. Los que somos discípulos de Jesús no servimos a la congregación desde una posición de celebridad, sino que servimos desde una posición de cercanía y solidaridad. El ministerio de celebridad no existe en la Biblia. El ministerio que si existe es: «gócense con los que se gozan y lloren con los que lloran» (Rom. 12:15).

La solidaridad es entrar en los espacios donde el pueblo de Dios llora, y estar tan cerca que sentimos su dolor y podemos llorar con ellos. Es entrar en los espacios donde el pueblo de Dios se goza, y ser tan parte de ellos que nos gozamos con ellos. Es identificarnos con su condición y adherirnos a su causa. Eso es lo que Jesús nos enseñó y es lo que mandó a Su iglesia a modelar. No podemos perder de vista que de ese llamado están llenas las epístolas:

Lleven los unos las cargas de los otros, y cumplan así la ley de Cristo. (Gál. 6:2)

Sean afectuosos unos con otros con amor fraternal; con honra, dándose preferencia unos a otros. (Rom. 12:10)

... acéptense los unos a los otros, como también Cristo nos aceptó para la gloria de Dios. (Rom. 15:7)

Sean más bien amables unos con otros, misericordiosos, perdonándose unos a otros, así como también Dios los perdonó en Cristo. (Ef. 4:32)

... confiésense sus pecados unos a otros, y oren unos por otros para que sean sanados... (Sant. 5:16)

Amados, si Dios así nos amó, también nosotros debemos amarnos unos a otros. (1 Jn. 4:11)

El libro de Hechos menciona que una de las características de la iglesia primitiva era que «todos los que habían creído estaban juntos y tenían todas las cosas en común» (Hech. 2:44). Cuando vivimos enfocados solo en nosotros mismos, nuestras necesidades, luchas y adversidades, perdemos de vista la riqueza y la belleza que hay en vivir y compartir la plenitud y la abundancia de la vida en comunidad. Dios nos ha llamado a vivir con una actitud de solidaridad. Para aplicar la solidaridad, hay que mirar a los lados, hay que juntarnos codo con codo y caminar hombro a hombro. En conclusión, hay que vivir en proximidad del pueblo de Dios.

Para aplicar la solidaridad hay que mirar a los lados, hay que juntarnos codo con codo y caminar hombro a hombro.

ACTITUD DE HUMILDAD

Y hallándose en forma de hombre, se humilló Él mismo...
(Fil. 2:8)

El pastor Andrew Murray fue un ministro sudafricano del siglo XVII que describía la humildad de Cristo con las siguientes palabras:

La humildad de Jesús no fue tan sólo un sentimiento temporal que se avivaba cuando pensaba en Dios, sino era el espíritu mismo de todo su ser. Él se veía a sí mismo como el Siervo de Dios y el Siervo del hombre. Aquel mediante el cual Dios podía hacer su obra de amor. Ni por un momento Él pensó en buscar su honor o en afirmar su poder para vindicarse a sí mismo.[4]

La humildad verdadera está firmemente anclada en el entendimiento de nuestra identidad en Dios. Ser humilde es saber quién ha dicho Dios que soy, ni más ni menos. El pastor Gerson Morey lo explica así:

La humildad está cimentada en el entendimiento bíblico de nuestra realidad como seres creados que hemos caído en desgracia por rebelarnos contra el Creador. La verdadera humildad nace de una conciencia de nuestra condición. Es el resultado de considerar que somos criaturas, conscientes de nuestra indignidad a causa del pecado. Una estimación correcta de lo que somos es la base para la humildad.[5]

[4] Murray, Andrew, *La humildad,* (Risaralda, Colombia: Palabra Pura, 2021), edición para Kindle, 18.
[5] Morey, Gerson, *La humildad: El llamado a vivir vidas de bajo perfil* (Nashville, TN: B&H Español, 2021), edición para Kindle, ubic. 337.

Si la humildad está asentada sobre un entendimiento correcto de mi identidad, entonces es de suma importancia que yo crezca en el conocimiento de mi identidad en Cristo. La Biblia me enseña que yo:

- Soy una nueva creación en Cristo (2 Cor. 5:17).
- He sido elegido y adoptado por Dios (Ef. 1:4-5).
- He sido crucificado con Cristo y he resucitado con Él. Todo lo que ahora sucede en mi vida, lo vivo en la fe y pongo la mira en las cosas de arriba y no en las de la tierra (Gál. 2:20; Col. 3:1-2).
- Ahora soy miembro de una familia escogida, soy un sacerdote al servicio del rey, soy parte de una nación santa y pertenezco a un pueblo nuevo que fue comprado por Dios para anunciar sus obras extraordinarias (1 Ped. 2:9).
- Soy embajador de Cristo y el Señor me ha concedido el ministerio de rogarle al mundo que se reconcilie con Dios (2 Cor. 5:20).

Conocer mi identidad en Cristo me proporciona una perspectiva correcta de quién soy, hacia dónde voy y cómo debo desenvolverme entre aquellos con quienes Dios me ha llamado a vivir. La humildad es reconocer que, al vivir en solidaridad con la comunidad de Dios, no soy mayor que nadie ni menor que nadie. Por eso Pablo señalaba con vigor:

> ... en virtud de la gracia que me ha sido dada, digo a cada uno de ustedes que no piense de sí mismo más de lo que debe pensar, sino que piense con buen juicio, según la medida de fe que Dios ha distribuido a cada uno. (Rom. 12:3)

Jesús nos llama a aprender de Su humildad y a imitarla, no solo porque es la voluntad de Dios, sino también porque es bueno y es lo más saludable para nosotros. En un mundo saturado de egocentrismo, obsesionado con querer llamar la atención a toda costa, las palabras de Jesús resuenan en el alma, trayendo paz y descanso:

> Vengan a mí los que estén cansados y afligidos y yo los haré descansar. Lleven mi yugo y aprendan de mí, que soy manso y de corazón humilde. Así hallarán descanso para el alma, porque mi yugo es fácil de llevar y mi carga es ligera. (Mat. 11:28-30, NBV)

ACTITUD DE SUMISIÓN

> ... haciéndose obediente hasta la muerte, y muerte de cruz... (Fil. 2:8)

La hematidrosis es una condición médica extremadamente rara que produce sudar sangre. Esta sorprendente reacción es una respuesta fisiológica a una situación de estrés máximo. La Biblia describe en el Evangelio de Lucas que Jesús sufrió esta condición en Getsemaní la noche previa a su arresto y crucifixión. No es extraño que haya sido Lucas quien escribiera y corroborara este singular acontecimiento, pues él mismo era médico.

La razón por la cual Jesús estuvo dispuesto a padecer tal sufrimiento de una muerte horrible en una cruz y la anticipación estresante de tal experiencia que lo llevó a sudar gotas de sangre es que Jesús nació, vivió y murió para glorificar a Dios Padre al cumplir con Su voluntad. Jesús nos enseñó que la sumisión es llevar la reverencia hasta las últimas consecuencias. Solamente una actitud de total sumisión a Dios llevaría a alguien a orar así:

«¡Padre mío! Si es posible, que pase de mí esta copa de sufrimiento. Sin embargo, quiero que se haga tu voluntad, no la mía». (Mat. 26:39, NTV)

Esa oración cargada de entrega y sumisión de Jesús en Getsemaní fue una consecuencia directa de haber orado: «Padre nuestro que estás en los cielos, Santificado sea Tu nombre. Venga Tu reino. Hágase Tu voluntad, Así en la tierra como en el cielo» (Mat. 6:9-10).

No quisiera continuar con esta reflexión sin preguntarte: ¿Hasta qué punto estamos dispuestos a someternos a Dios y a hacer Su voluntad? ¿Cuál es la actitud de nuestro corazón cuando Dios nos llama a hacer algo que no necesariamente nos gusta?

Estoy seguro de que cuando Jesús oró: «Venga Tu reino. Hágase Tu voluntad», Él sabía perfectamente bien hasta dónde podían llegar las consecuencias de esa oración, pero a nosotros se nos olvida la mayor parte del tiempo. Cuando enfrentamos adversidad, inmediatamente le pedimos a Dios que nos saque de esa situación, pero la Escritura es clara cuando dice:

> ... nos gloriamos en las tribulaciones, sabiendo que la tribu-
> lación produce paciencia; y la paciencia, carácter probado;
> y el carácter probado, esperanza. (Rom. 5:3-4)

¿Has visto alguna vez a un cordero que está por ser sacrificado? Es impresionante. Hace varios años, tuve la oportunidad de ver muy de cerca a alguien que tenía que sacrificar a una ovejita. La escena fue muy impactante, porque a diferencia·de un cerdo que grita, chilla y trata de zafarse, la oveja se queda quieta y no produce ningún sonido. De alguna manera sabe que la van a matar, pero no opone resistencia, solamente mira a los ojos a su ejecutor y se deja matar.

Isaías presenta uno de los pasajes que describe con mayor claridad cuál sería el sufrimiento que el Hijo de Dios padecería para salvarnos. Jesús, el Siervo sufriente, es comparado en ese pasaje con una oveja que no abre su boca.

> Fue oprimido y afligido,
> Pero no abrió Su boca.
> Como cordero que es llevado al matadero,
> Y como oveja que ante sus trasquiladores permanece muda,
> Él no abrió Su boca. (Isa. 53:7)

El pastor Joselo Mercado explica el pasaje con las siguientes palabras:

> El versículo muestra que Él [Jesús] no se defendió, sino que voluntariamente fue a morir por nosotros. Cuando Jesús entró a Jerusalén el domingo de Pascua, sabía el futuro que le esperaba. Su silencio fue Su aceptación de la voluntad del Padre; Su silencio fue aceptar la copa de la ira de Dios que nos correspondía.[6]

Jesús vivió cada momento de Su vida en completa reverencia, constante abnegación, sincera solidaridad, plena humildad y en total sumisión al poder del Espíritu Santo y para la gloria de Su Padre. El himno de Filipenses 2 es un llamado a alinear nuestras actitudes al estándar por excelencia: Cristo Jesús. Que Dios nos de la gracia para afinar nuestros corazones al corazón de nuestro Salvador.

---

[6] Joselo Mercado, *¿Hasta cuándo, Dios?* (Nashville, TN: B&H Español, 2020), edición para Kindle, 35.

CAPÍTULO 8

Una canción
a la medianoche

*Exalten a Dios con su garganta, y con espada
de dos filos en sus manos.*
SALMO 149:6, RVA2015

LA OSCURIDAD DEBIÓ HABER SIDO densa e imponente,
el olor nauseabundo, fastidioso y la atmósfera sombría y depresiva. Las
protestas de los prisioneros combinadas con los quejidos de dolor de
los que habían sido golpeados seguramente añadían un sentimiento de
desesperación a cualquiera que se encontrara en el calabozo de esa
prisión. De pronto, en medio de las quejas y los lamentos, se escucharon
voces cantando himnos a Dios. ¿Quién podría tener el deseo de levantar
su voz para cantar en medio de semejante circunstancia? Estar en una
cárcel llevaría a cualquiera a maldecir; entonces, ¿quién se atrevería a
cantar himnos de alabanza?

Lucas narra la historia de cuando Pablo y Silas proclamaron el evangelio en la región de Filipos (Hech. 16). El Señor preparó el corazón
de varias mujeres para que escucharan el evangelio, y entre ellas se
encontraba Lidia, quien fue bautizada junto con su familia. Pablo y Silas
estaban siendo testigos del mover maravilloso del Señor en esa región.

Aunque no había sinagoga en esa ciudad, Pablo y Silas solían ir al lugar de oración en donde encontraron a las mujeres.

En medio de tan positiva respuesta, una jovencita que decían que tenía un espíritu de adivinación se burlaba y los molestaba cada vez que se cruzaba con ellos. Un día, Pablo no pudo contenerse y oró para que esa joven fuera libre, y los espíritus malignos huyeron de ella. Ella quedó libre, pero los dueños de ese negocio de adivinación se dieron cuenta de que se quedaban sin sus ganancias. Prendieron a Pablo y a Silas y los acusaron ante las autoridades, quienes los enviaron a prisión, los golpearon, maltrataron y pusieron en el calabozo más profundo.

En medio de esa difícil y adversa situación, Pablo y Silas empezaron a cantar a medianoche himnos a Dios que los presos oían con claridad. ¿De dónde sacaban Pablo y Silas fuerzas y motivación para cantar después de haber sido golpeados y maltratados injustamente?

UNA CANCIÓN DE LIBERTAD

El pueblo de Dios siempre ha cantado. Lo ha hecho para alabar la grandeza de Dios y para celebrar Su salvación y Su victoria, especialmente en tiempos de sufrimiento y adversidad. Cuando Dios liberó al pueblo de Israel de la esclavitud en Egipto por mano de Moisés, después de cruzar en seco por el Mar Rojo, lo primero que hizo el pueblo fue cantar una canción de gratitud y celebración.

> Entonces Moisés y los israelitas cantaron este cántico al
> SEÑOR, y dijeron:
> «Canto al SEÑOR porque ha triunfado gloriosamente;
> Al caballo y a su jinete ha arrojado al mar.
> Mi fortaleza y mi canción es el SEÑOR,
> Y ha sido para mí salvación;

Este es mi Dios, y lo glorificaré,
El Dios de mi padre, y lo ensalzaré. (Ex. 15:1-2)

De la misma manera, así como cantar fue lo primero que hizo el pueblo de Dios al ser redimido, también lo primero que hace un corazón que ha sido redimido por la gracia y el poder de Dios es cantar un cántico nuevo. La canción de los redimidos es el cántico nuevo en la Biblia, es decir, es un canto nuevo entonado por aquellos que por gracia han recibido un nuevo corazón. Cuando cantamos alabanzas, estamos celebrando la salvación que Dios ya nos ha dado y proclamamos la victoria que Dios ya ha ganado a nuestro favor en Cristo Jesús.

La Palabra de Dios presenta muchos ejemplos de cuando el pueblo de Dios alababa y cantaba en medio de la adversidad: el arca del pacto había sido capturada por el enemigo, pero David se propuso llevarla de vuelta a Jerusalén. El rey y todo el pueblo celebraron y cantaron a una voz cuando el símbolo de la presencia de Dios volvió a estar otra vez entre ellos.

El arca de Dios la trajeron y la colocaron en medio de la tienda que David había levantado para ella, y ofrecieron holocaustos y ofrendas de paz delante de Dios. [...] Entonces en aquel día David, por primera vez, puso en manos de Asaf y sus parientes este salmo para dar gracias al SEÑOR:

Den gracias al SEÑOR, invoquen Su nombre;
Den a conocer Sus obras entre los pueblos.
Cántenle, cántenle alabanzas;
Hablen de todas Sus maravillas. (1 Crón. 16:1,7-9)

Algo similar ocurrió cuando Josafat, rey de Judá, animó al pueblo de Dios a enfrentarse a sus enemigos más violentos, y organizó por

mandato de Dios que los cantores entonaran un cántico de alabanza.
Dios les entregó la victoria mientras ellos adoraban con cánticos:

> ... Josafat [...] designó a algunos que cantaran al Señor y
> a algunos que le alabaran en vestiduras santas, conforme
> salían delante del ejército y que dijeran: «Den gracias al
> Señor, porque para siempre es Su misericordia». Cuando
> comenzaron a entonar cánticos y alabanzas, el Señor puso
> emboscadas contra los amonitas, los moabitas y los del
> monte Seir, que habían venido contra Judá, y fueron derro-
> tados. (2 Crón. 20:20-22)

No podríamos dejar de considerar el ejemplo de Ana, esposa de
Elcana, quien no podía tener hijos, y angustiada oraba al Señor y lloraba
con gran amargura mientras derramaba su alma delante de Él. Dios
escuchó su oración y le concedió tener un hijo a quien ella consagró al
Señor. Cuando el niño creció lo suficiente, lo llevó a la casa del Señor
para consagrarlo a Dios y que fuera criado en ese lugar. Me imagino que
para Ana fue muy difícil desprenderse de su hijo, pero ella estaba cumpliendo la promesa que había hecho a Dios. En medio de ese momento
tan emotivo, Ana no entona una canción de tristeza, sino de confianza,
fe y alabanza al Señor su Dios:

> «Mi corazón se regocija en el Señor,
> Mi fortaleza en el Señor se exalta;
> Mi boca habla sin temor contra mis enemigos,
> Por cuanto me regocijo en Tu salvación.
> No hay santo como el Señor;
> En verdad, no hay otro fuera de Ti,
> Ni hay roca como nuestro Dios. (1 Sam. 2:1-2)

La Escritura presenta un ejemplo tras otro en que el pueblo de Dios canta siempre a Dios como una manifestación de su confianza y dependencia de Él, cantando en medio de las pruebas y proclamando que su esperanza y fortaleza se encuentran solo en Dios. El mundo canta solo de lo que sale de su interior, pero el cristiano canta porque el Señor ha colocado una canción nueva en su corazón. Dios es nuestra canción, Su salvación es nuestra melodía y Su fidelidad el ritmo que nos mueve cada día.

UNA CANCIÓN DE TESTIMONIO

Pablo y Silas predicaron el evangelio, fueron falsamente acusados, golpeados, maltratados y encerrados en una prisión, pero no se quedaron callados, sino que levantaron su corazón al Dios de su salvación y cantaron con voz fuerte y alta:

Como a medianoche, Pablo y Silas oraban y cantaban himnos a Dios, y los presos los escuchaban. (Hech. 16:25)

¡Los presos los escuchaban! Ellos cantaban y así expresaban su dependencia y confianza en Dios, pero ese mismo canto se convirtió muy pronto en un testimonio poderoso de fe para los demás prisioneros de esa cárcel. La realidad es que Pablo y Silas no cantaban para ser liberados, ¡cantaban porque ya eran libres!

La realidad es que Pablo y Silas no cantaban para ser liberados, ¡cantaban porque ya eran libres!

El pueblo de Dios ha cantado aun en las circunstancias más adversas a lo largo de la historia. Tenemos registros históricos de cómo los creyentes perseguidos y condenados a muerte cantaban antes de morir. Gerald Sittser narra la historia de una cristiana y su martirio:

> La historia del martirio de Perpetua es quizás la más famosa de todas las historias de los primeros mártires, porque ilustra cuán firmemente los cristianos resistieron la invasión de la cultura romana. Vibia Perpetua (181-203 d. C.), una joven casada y madre de un recién nacido, fue arrestada con varios otros y arrojada en la prisión. Cuando se estableció una ley que prohibía las conversiones al cristianismo, probablemente fue señalada porque venía de una familia prominente, lo que hizo pública su conversión y su fe. El día de su ejecución, [los cristianos] marcharon de la prisión al anfiteatro gozosos, como si fueran al cielo y con rostros tranquilos. Perpetua iba con semblante resplandeciente y paso sereno, como amada de Dios, como novia de Cristo, haciendo que todos bajaran sus miradas ante su propia mirada firme. Fue entonces que Perpetua se puso a cantar un salmo...[1]

Imagina que estás a punto de morir por tu fe. Tienes frente a ti la mirada de todos tus acusadores mientras esperan que te retractes de tu convicción. De pronto, elevas una canción de alabanza a Dios. ¡Qué escena más impactante! No hay testimonio más poderoso ante un mundo incrédulo que un corazón anclado y confiado en Jesús, el cual, en medio de la prueba del sufrimiento, sigue con paz, esperando y aun alabando a

---

[1] Gerald L. Sittser, *Water From a Deep Well: Christian Spirituality from Early Martyrs to Modern Missionaries* (Downers Grove, IL: InterVarsity Press, 2007), 9.

su Salvador. Dietrich Bonhoeffer señalaba que sufrir es parte de nuestra lealtad a Cristo y que no deberíamos sorprendernos al sufrir, pues se trata de una alegría y una señal de Su gracia. Las historias de los primeros cristianos que murieron como mártires están llenas de evidencias que muestran cómo Cristo transfigura en gozo para los suyos la hora de su agonía mortal al concederles la certeza de Su cercanía y presencia.[2]

El cristiano que alaba a su Dios en la hora oscura no lo hace para *dejar de sufrir;* tampoco porque *le guste sufrir,* sino porque *sabe sufrir,* pues ha aprendido de su Maestro, el Varón de dolores y experimentado en aflicción (Isa. 53:3). Alabar a Dios cantando salmos en medio del sufrimiento es un acto de adoración en sí mismo, así como lo hizo aquella mujer pecadora que rompió su frasco y derramó todo su perfume a los pies de Jesús. En este caso, es como si nuestra vida misma fuera ese frasco quebrantado y nuestra gratitud y alabanza fueran el perfume derramado delante de nuestro Dios como una declaración de dependencia y rendición.

UNA CANCIÓN DE CONFIANZA

De repente se produjo un gran terremoto, de tal manera que los cimientos de la cárcel fueron sacudidos. Al instante se abrieron todas las puertas y las cadenas de todos se soltaron. (Hech. 16:26)

Mientras Pablo y Silas cantaban y alababan a Dios en la prisión, nada les garantizaba que su situación carcelaria iba a cambiar. La Escritura relata que hubo un terremoto repentino que les permitió soltarse de sus

---

[2] Dietrich Bonhoeffer, *The Cost of Discipleship* (Nueva York, NY: TOUCHSTONE, 1995), 108.

cadenas. Sin embargo, como hemos visto, la situación de otros creyentes nunca cambió, como en el caso de Perpetua o de Esteban. Ellos finalmente murieron por su fe en medio de su alabanza. Sin embargo, ellos eran conscientes de esta gran verdad:

> Aunque **las circunstancias** no siempre cambien alrededor, **la postura del corazón** siempre puede cambiar del temor al hombre a la plena confianza en Dios.

Los salmos están llenos de estas escenas: el salmista se siente decepcionado, frustrado, atrapado o derrotado, pero en medio de su situación adversa y su conflicto emocional, decide elevar a Dios su alabanza. Quisiera que puedas notar en los ejemplos a continuación cómo va cambiando el lenguaje al ir moviéndose el corazón del salmista. Aunque el peligro no disminuya, su actitud y perspectiva sí están siendo impactadas y transformadas por la verdad de Dios.

> ¡Oh Señor, cómo se han multiplicado mis adversarios!
> Muchos se levantan contra mí. [...]
> Pero Tú, oh Señor, eres escudo en derredor mío,
> Mi gloria, y el que levanta mi cabeza. (Sal. 3:1-3)

> El Señor es mi luz y mi salvación;
> ¿A quién temeré?
> El Señor es la fortaleza de mi vida;
> ¿De quién tendré temor? [...]
> Si un ejército acampa contra mí,
> No temerá mi corazón;
> Si contra mí se levanta guerra,
> A pesar de ello, yo estaré confiado. [...]

Y en Su tienda ofreceré sacrificios con voces de júbilo;
Cantaré, sí, cantaré alabanzas al SEÑOR. (Sal. 27:1,3,6)

Ten piedad de mí, oh Dios, ten piedad de mí,
Porque en Ti se refugia mi alma;
En la sombra de Tus alas me ampararé
Hasta que la destrucción pase. [...]
Firme está mi corazón, oh Dios, mi corazón está firme;
¡Cantaré y entonaré salmos! (Sal. 57:1,7)

¿Hasta cuándo, oh SEÑOR? ¿Me olvidarás para siempre?
¿Hasta cuándo esconderás de mí Tu rostro? [...]
Considera y respóndeme, oh SEÑOR, Dios mío;
Ilumina mis ojos, no sea que duerma el sueño de la muerte;
    [...]
Pero yo en Tu misericordia he confiado;
Mi corazón se regocijará en Tu salvación. (Sal. 13:1,3,5)

Alejandra Sura se refiere precisamente al Salmo 13 escrito por David y señala cómo las emociones del corazón son las que cambian. Ella dice en su libro:

David trabaja para descubrir lo que siente, observar lo que piensa, para luego recordar las verdades bíblicas aplicables al caso. Aunque no sabemos cuánto tardó en escribirlo, es evidente que las circunstancias no habían cambiado, pero fue el corazón de David que cambió.[3]

---

[3] Alejandra Sura, *No desperdicies tus emociones* (Nashville, TN: B&H Español, 2023), 223.

El cristiano no canta con sus emociones para tratar de cambiar la realidad de las circunstancias, sino que canta y exalta la verdad de Dios, Su carácter, poder y obra. Entonces, sus emociones comienzan a alinearse a esa verdad y realidad divina. Aunque las circunstancias no cambien, ¡nosotros sí somos cambiados!

UNA CANCIÓN DE VICTORIA

Cuando mi esposa y yo vivíamos en México y comenzábamos en el ministerio hace algunos años, nuestros hijos aún no habían nacido y rentábamos un apartamento cerca de la iglesia de mis padres en donde servíamos. En ese tiempo, nos hicimos buenos amigos de nuestros vecinos, una pareja joven sin hijos que estaban viviendo una etapa de vida similar a la nuestra. Solíamos salir a cenar, conversar y jugar juegos de mesa. Siempre que teníamos oportunidad, les compartíamos del Señor. Sabíamos que tenían problemas y diferencias, pero nunca nos dimos cuenta de cuán delicada era su situación hasta que un día, ella empacó de repente sus pertenencias y se marchó del hogar sin decirle nada a él.

Nuestro amigo quedó devastado emocionalmente, lloraba y se lamentaba por no haber prestado suficiente atención a su matrimonio. Llegó al punto de sentir miedo de quedarse solo por las noches. En ese momento, empezó a pedirnos que fuéramos a orar por él todas las noches. Cada noche orábamos por él en medio de su llanto y angustia, y también cantábamos canciones de adoración y esperanza en Dios. Era impresionante ver cómo de pronto sus miedos se disipaban y cómo poco a poco se quedaba profundamente dormido. Durante ese tiempo, aprendí que la melodía dulce y suave de la verdad y la paz de Dios es mucho más poderosa que el tormento de la duda y el miedo.

Adorar a Dios en medio del sufrimiento no solo es una declaración de nuestra dependencia de Él, sino que también es un testimonio evidente para aquellos que no conocen a Dios y nos observan adorar a nuestro Señor. Pero no solo es eso, sino que es también una manera en la cual resistimos al maligno y declaramos la victoria de Dios sobre todas las fuerzas de maldad. La Biblia nos enseña que Satanás odia que el ser humano adore a Dios y por eso buscó engañar a Adán y a Eva en el huerto del Edén y tentó a Jesús en el desierto. El pastor Miguel Núñez escribe sobre el origen de Satanás, este ser de luz que se corrompió y fue echado del cielo:

> En el libro del profeta Ezequiel aparece un personaje identificado como el rey de Tiro, que los padres de la Iglesia primitiva interpretaron como Satanás en su rebelión inicial. De igual manera, en el pasaje de Isaías 14:14-19 se habla de un personaje que muchos han identificado como una alusión a Satanás al momento de su caída. Los padres de la iglesia pensaron que los personajes mencionados en Ezequiel e Isaías hacen referencia a la persona de Satanás.[4]

Echemos un vistazo al texto de Isaías:

> ¡Cómo has caído del cielo,
> Oh lucero de la mañana, hijo de la aurora!
> Has sido derribado por tierra,
> Tú que debilitabas a las naciones.
> Pero tú dijiste en tu corazón:

---

[4] Miguel Núñez, *Hasta que ruja el León* (Nashville, TN: Vida, 2022), 13.

«Subiré al cielo,

Por encima de las estrellas de Dios levantaré mi trono,

Y me sentaré en el monte de la asamblea,

En el extremo norte.

Subiré sobre las alturas de las nubes,

Me haré semejante al Altísimo».

Sin embargo, serás derribado al Seol,

A lo más remoto del abismo. (Isa. 14:12-15)

Este pasaje es una descripción de la subordinación de Lucifer ante el trono de Dios. Él quiso subir hasta lo más alto y ser semejante al Dios Altísimo, y por esa razón, fue echado de la gloria. Es impresionante darnos cuenta de que Satanás odia tanto a Dios que lo único que quiere hacer es tratar de imitarlo para ocupar Su lugar. Sin embargo, sus métodos para querer lograrlo son radicalmente opuestos al camino que tomó Jesús. En el capítulo anterior, hablamos de la actitud de Jesús y cómo nosotros debemos afinar nuestros corazones a esa actitud. Nota el marcado contraste[5] entre la actitud de Jesús en Filipenses 2 y la actitud de Satanás en Isaías 14:

JESÚS: «Aunque existía en forma de Dios» (Fil. 2:6): IDENTIDAD CLARA

SATANÁS: «Pero tú dijiste en tu corazón» (Isa. 14:13): IDENTIDAD ILUSORIA

---

[5] La primera vez que noté el contraste tan marcado en estos dos pasajes fue en el estudio «El Camino del Arrepentimiento» por Steve Gallager de *Pure Life Ministries* (2013). Estudié Filipenses 2 para identificar cinco actitudes de Jesús a las cuales debemos alinearnos y luego, al compararlos con Isaías 14, fueron fácilmente identificables las actitudes opuestas en Satanás.

JESÚS: «No consideró el ser igual a Dios como algo a qué aferrarse» (Fil. 2:6): REVERENCIA

SATANÁS: «Pero tú dijiste [...]: "Subiré al cielo"» (Isa. 14:13): INSOLENCIA

JESÚS: «Sino que se despojó a Sí mismo tomando forma de siervo» (Fil. 2:7): ABNEGACIÓN

SATANÁS: «Por encima de las estrellas de Dios levantaré mi trono» (Isa. 14:13): ARROGANCIA

JESÚS: «Haciéndose semejante a los hombres» (Fil. 2:7): SOLIDARIDAD

SATANÁS: «Y me sentaré en el monte de la asamblea» (Isa. 14:13): INDIFERENCIA

JESÚS: «Y hallándose en forma de hombre, se humilló Él mismo» (Fil. 2:8): HUMILDAD

SATANÁS: «Subiré sobre las alturas de las nubes» (Isa. 14:14): SOBERBIA

JESÚS: «Haciéndose obediente hasta la muerte, y muerte de cruz» (Fil. 2:8): SUMISIÓN

SATANÁS: «Me haré semejante al Altísimo» (Isa. 14:14): TRAICIÓN

JESÚS: «Por lo cual Dios también lo exaltó hasta lo sumo» (Fil. 2:9): EXALTACIÓN

SATANÁS: «Sin embargo, serás derribado al Seol» (Isa. 14:15): EXPULSIÓN

El rumbo que Satanás quiso tomar fue a través de un camino hacia arriba. Su ambición lo llevó a querer subir hasta lo más alto para enseñorearse y gobernar por encima de todos, anhelando ser semejante al Altísimo. Finalmente fue expulsado de los cielos y arrojado a lo profundo del abismo. Por el contrario, el rumbo que tomó Jesús fue un camino hacia abajo, porque estuvo dispuesto a servir y darse por los demás hasta el punto de humillarse hasta lo más bajo al morir en la cruz para rescatar a los pecadores. Cuando el cristiano sufre y decide confiar en Dios, alabarlo y obedecerlo en medio de su sufrimiento con una actitud de servicio y humildad, está tomando el camino de Jesús, el cual odia el diablo.

No podemos olvidar que Pablo y Silas fueron a dar a la cárcel, acusados por los amos ambiciosos de una joven esclava que fue liberada por el poder de Dios de un espíritu de adivinación. La Biblia no nos da a conocer lo que en ese momento está sucediendo en el ámbito espiritual, pero podría suponer que quizás Satanás y sus demonios se volcaron contra Pablo y Silas al haber traído libertad a esa joven poseída por malos espíritus. No tenemos certeza, porque la Biblia no nos da más detalles, sin embargo, lo que sí sabemos es que Pablo y Silas, mientras sufrían, afinaron sus gargantas y sus corazones conforme a la actitud de Jesús y cantaron para expresar su dependencia en el Dios de su salvación, y aun fueron testimonio al resto de los prisioneros. Posteriormente le compartieron el evangelio al carcelero y al resto de su familia, quienes se llenaron de gozo al haber creído en Dios (Hech. 16:27-32).

El relato que comenzó con conversión, salvación y libertad en Cristo y que luego se tornó en sufrimiento, dolor y un canto de alabanza a la medianoche, retornó de nuevo a ser un relato de conversión, salvación y nueva vida en Cristo. ¡Esa ha sido la gloriosa experiencia del pueblo de Dios a través de la historia!

UNA CANCIÓN DE COMBATE

El penúltimo salmo en toda la colección del libro de los Salmos es una canción muy peculiar, porque comienza con un llamado a alabar a Dios:

> ¡Aleluya!
> Canten al SEÑOR un cántico nuevo,
> Y Su alabanza en la congregación de los santos. (Sal. 149:1)

Luego continúa con el lenguaje típico de los salmos de alabanza, gozo y exaltación a Dios:

> Alégrese Israel en su Creador;
> Regocíjense los hijos de Sión en su Rey.
> Alaben Su nombre con danza;
> Y canten a Él alabanza con pandero y lira.
> Porque el SEÑOR se deleita en Su pueblo;
> Adornará de salvación a los afligidos.
> Regocíjense de gloria los santos;
> Canten con gozo sobre sus camas. (Sal. 149:2-5)

Sin embargo, el lenguaje toma un giro inesperado justo a la mitad del salmo:

> Sean las alabanzas de Dios en su boca,
> Y una espada de dos filos en su mano,
> Para ejecutar venganza en las naciones

Y castigo en los pueblos;

Para atar a sus reyes con cadenas

Y a sus nobles con grillos de hierro;

Para ejecutar en ellos el juicio decretado:

Esto es gloria para todos Sus santos.

¡Aleluya! (Sal. 149:6-9)

Este salmo es un canto de gozo y guerra porque nos recuerda precisamente la realidad de nuestro doble llamado como pueblo de Dios. Somos llamados a deleitarnos en Dios y a gozarnos en Su obra de salvación, pero también a avanzar valientemente en la misión de Dios, proclamando Sus juicios y Su verdad hasta que en todo pueblo, tribu y nación sepan que Cristo es el Señor. El gozo es el lenguaje del corazón agradecido que se deleita en su creador, y la guerra es el clamor de combate del corazón que anhela ver libertada la creación.

El pueblo de Dios siempre ha cantado a su Dios. Lo ha hecho expresando su confianza en medio del sufrimiento, ha cantado como testimonio de fe ante un mundo incrédulo, ha cantado para declarar y celebrar la victoria de Dios sobre las fuerzas del mal, ha cantado al seguir marchando en la misión de Dios al proclamar el evangelio, pero quizás la mayor razón por la cual el pueblo de Dios ha cantado es que Dios mismo canta. El profeta Sofonías nos muestra que cuando Dios nos llama a cantar es porque Dios, el Guerrero victorioso, canta sobre nosotros:

Canta jubilosa, hija de Sión.

Lanza gritos de alegría, Israel.

Alégrate y regocíjate de todo corazón,

Hija de Jerusalén. [...]

El SEÑOR tu Dios está en medio de ti,

Guerrero victorioso;

Se gozará en ti con alegría,

En Su amor guardará silencio,

Se regocijará por ti con cantos de júbilo. (Sof. 3:14,17)

Cantamos porque Dios canta, y como hijos que quieren imitar a su padre, deseamos imitar a Dios en todo lo que haga. Así como un bebé que descansa en los brazos de su padre y mientras lo escucha cantar canciones de cuna trata cariñosamente de imitarlo, aunque lo único que alcanza a articular son simples balbuceos, también son meros balbuceos todas nuestras canciones de adoración a nuestro Padre celestial de este lado de la eternidad. En un sentido, no se pueden comparar nuestros cánticos con la belleza de los cánticos celestiales de los ángeles, pero, en otro sentido, nuestro canto es el sonido más hermoso que puede elevarse delante del Padre y en los cuales se deleita, porque son precisamente los balbuceos de adoración de los hijos de Dios a su Padre amado.

Jesús explicó esta misma verdad cuando los religiosos escucharon a los muchachitos proclamar en alta voz: «¡Hosanna!» cuando entraba en Jerusalén. Él les dijo enfáticamente: «¿No han leído nunca: "En los labios de los pequeños y de los niños de pecho has puesto la perfecta alabanza"?» (Mat. 21:16, NVI). Jesús no solo defiende y promueve el canto del pueblo de Dios, sino que Él mismo lo dirige. El escritor de Hebreos describe a Jesús como el supremo líder de adoración, quien se presenta delante del Padre después de haber padecido la muerte en la cruz, resucitar y haber sido glorificado, para dirigir a Sus hermanos a cantar himnos de alabanza en adoración a Dios:

Pero vemos a Aquel que fue hecho un poco inferior a los ángeles, es decir, a Jesús, coronado de gloria y honor a causa del padecimiento de la muerte, para que por la gracia de Dios probara la muerte por todos. [...] Por lo cual [Jesús] no se avergüenza de llamarlos hermanos, cuando dice: «Anunciaré Tu nombre a Mis hermanos, En medio de la congregación te cantaré himnos». (Heb. 2:9,11b-12)

Jesús no se avergüenza de Sus hermanos; más bien, los dirige en un canto eterno de adoración a Dios, uno de obediencia y de humildad, de dependencia y esperanza en medio del sufrimiento y el dolor. Un canto de celebración y victoria sobre todos nuestros enemigos. Jesús es el motivo de nuestra canción y es el conductor de nuestra canción.

Al final de los tiempos, el acusador de nuestras almas, aquel que siempre ha querido silenciar nuestra alabanza, quedará finalmente silenciado y derrotado por la sangre de Cristo y por el testimonio de los santos, aquellos que, al haber sido menospreciados y afligidos, en la medianoche de su dolor elevaron su canto y sus vidas a Aquel que los amó. Entonces el pueblo redimido celebrará el triunfo del Cordero por toda la eternidad:

> Y fue arrojado el gran dragón, la serpiente antigua que se llama Diablo y Satanás, el cual engaña al mundo entero. Fue arrojado a la tierra y sus ángeles fueron arrojados con él. Entonces oí una gran voz en el cielo, que decía: «Ahora ha venido la salvación, el poder y el reino de nuestro Dios y la autoridad de Su Cristo, porque el acusador de nuestros hermanos, el que los acusa delante de nuestro Dios día y noche, ha sido arrojado. Ellos lo vencieron por medio de la sangre del Cordero y por la palabra del testimonio de ellos, y no amaron sus vidas, llegando hasta sufrir la muerte». (Apoc. 12:9-11)

Y cantaban un cántico nuevo, diciendo: «Digno eres de tomar el libro y de abrir sus sellos, porque Tú fuiste inmolado, y con Tu sangre compraste para Dios a gente de toda tribu, lengua, pueblo y nación. Y los has hecho un reino y sacerdotes para nuestro Dios...». (Apoc. 5:9-10)

El pueblo de Dios siempre ha cantado a su Dios y siempre ha cantado el mismo canto. Se trata de un cántico de gloria y redención, el mismo cántico nuevo que Dios puso en nuestros corazones al salvarnos y que se canta a lo largo de la Escritura. Es el mismo canto que cantaremos por toda la eternidad. La historia del evangelio es la canción de gloria. El cántico de los redimidos. Todas nuestras canciones e himnos son ecos de esa canción y apuntan a una sola canción: Jesús.

CAPÍTULO 9

Liturgias cotidianas

...cada uno de ustedes,
en adoración espiritual,
ofrezca su cuerpo como sacrificio vivo...
ROMANOS 12:1, NVI

CADA MAÑANA, EN ALGÚN LUGAR del continente, se repiten de alguna manera estas dos escenas. Por un lado, un joven universitario, quien fue aceptado recientemente para trabajar como pasante en la agencia de diseño y publicidad más importante de la ciudad, ha recibido como parte de su descripción de trabajo el tener que llegar temprano a la oficina y preparar el café para el resto de los empleados.

Al principio, lo tomó como una tarea trivial, pero que era parte de su entrada a esa agencia tan prestigiosa. Pero después de preparar el café varios días, la tarea se fue volviendo más aburrida y empieza a preguntarse: «¿Por qué debería ser yo solo el que prepara el café? ¿Por qué los demás no pueden turnarse conmigo? ¿No se dan cuenta de mi talento y creatividad?».

Por otro lado, en otro sector de la misma ciudad, otro joven se prepara para comenzar su día. Se levanta temprano y lo primero que hace es ir a la esquina de su casa donde tiene sus utensilios especiales para preparar café, y ¡vaya que son especiales!, porque ha invertido una cantidad considerable en un buen molino, jarras especializadas, básculas de precisión y termómetros para que el café se sirva a la temperatura perfecta. Este joven no solo es un entusiasta del café, sino que su afición por el buen café lo ha llevado a investigar y a observar con suma atención a baristas que lo ayuden a perfeccionar la forma de hacer un mejor café. Después de tomarse su tiempo para prepararse su taza, se pregunta: «¿Por qué no puedo dedicarme a esto tiempo completo?». «Me encantaría trabajar de barista», se dice, mientras disfruta lentamente de su exquisita taza de café.

Estas dos escenas nos presentan a dos personas preparando café al mismo tiempo. La misma actividad, la misma frecuencia, pero con dos actitudes muy diferentes. Mientras para uno es una rutina obligada, tediosa y que desea acabar lo más pronto posible, para el otro es una disciplina voluntaria diaria, un ritual agradable que anticipa con deleite. Ambos han desarrollado hábitos parecidos, pero sus actitudes resultantes son muy distintas.

Llamamos «hábito» a las actividades que hacemos repetidamente, vez tras vez, ya sea por deleite o por deber. La diferencia entre la complacencia y la mera obligación se encuentra en la postura y la orientación del corazón al realizar esa actividad. Solemos llamarle «rutina» a todo hábito que practicamos, pero que nuestro corazón no ama o no se deleita en hacer, pero tendemos a llamar «hábito» a toda actividad disciplinada que cultivamos con un corazón dispuesto, invirtiendo nuestro deseo y entusiasmo. Al fruto de nuestra rutina lo llamamos «quehacer» y al fruto de nuestra disciplina lo llamamos «arte».

NUESTROS HÁBITOS NOS FORMAN

Alguien ha dicho que el ser humano es una criatura de hábitos, porque ellos son más que solo el conjunto de costumbres, prácticas o destrezas que adquirimos al practicarlos con cierta frecuencia. Nuestros hábitos revelan realmente nuestras prioridades y son una muestra tangible de aquello a lo que le damos verdadera importancia y que, por consiguiente, realizamos con más frecuencia. También se dice que son una ventana que deja ver los anhelos de nuestra alma.

Por ejemplo, lo primero que hacemos al despertarnos revela algo sobre nosotros, ya sea mirar las notificaciones de nuestro dispositivo, prepararnos una taza de café o tomar un tiempo para meditar y hablar con el Señor. Cada uno de esos hábitos señala algo nuestro: desde lo más trivial, como lo es la simple necesidad de cafeína, hasta nuestras ansiedades y preocupaciones más significativas del corazón, que revelamos al revisar impacientemente nuestros mensajes y notificaciones.

Nuestros hábitos no se forman por accidente, y siempre es posible reconocer que hay una razón detrás de su práctica constante. Tú y yo los practicamos porque sentimos que los necesitamos y porque, a su vez, estamos siendo formados por ellos. James K. Smith dice que nuestros corazones son orientados por el deseo y por aquello que amamos. Esos deseos son a su vez formados y moldeados por la práctica de los hábitos que ejercitamos, son los rituales y las prácticas habituales las que le dan forma a nuestra imaginación y a la manera en que nos orientamos hacia el mundo.[1]

Cuando Dios les dio instrucciones específicas a los sacerdotes de Israel para que lo adoraran en el tabernáculo, les asignó roles y les dio instrucciones concretas sobre ciertos rituales o prácticas que debían realizar día tras día. Uno podría fácilmente pensar que todos esos

[1] Smith, James K. A., *Desiring the Kingdom (Cultural Liturgies): Worship, Worldview, and Cultural Formation* (Gran Rapid, MI: Baker Academic, 2009), edición para Kindle, 25.

rituales parecen aburridos, tediosos y hasta sin sentido. Sin embargo, considerarlos así es un gran error porque cada instrucción que Dios entregaba y cada ritual que les pedía que practicaran tenía como propósito la formación de un hábito sagrado que los haría crecer en su disciplina de conocer, adorar y servir a Dios. Esta es una de las indicaciones que dejó el Señor:

> El fuego del altar se mantendrá encendido sobre el altar; no se apagará, sino que el sacerdote quemará leña en él todas las mañanas, y pondrá sobre él el holocausto, y quemará sobre él la grasa de las ofrendas de paz. El fuego se mantendrá encendido continuamente en el altar; no se apagará. (Lev. 6:12-13)

Dios quería que los sacerdotes desarrollaran el hábito de quemar leña todas las mañanas para que ese fuego estuviera listo para quemar el sacrificio; además, ellos debían mantener encendido continuamente el altar con el fuego. Podría decir que tal obligación los llevaba a desarrollar una disciplina que debía apuntar a una realidad en el corazón: Así como ellos cuidaban ese fuego físico que ardía sobre el altar, de la misma manera debían cuidar el fuego de servir y amar a Dios que ardía en sus corazones. La idea detrás de cada ritual es que el *deber* nos lleve a formar una *disciplina* que, al practicarla con *diligencia,* se vuelva parte del ejercicio de nuestra *devoción* hasta que se convierta en un *deleite*.

La idea detrás de cada ritual es que el *deber* nos lleve a formar una *disciplina* que, al practicarla con *diligencia,* se vuelva parte del ejercicio de nuestra *devoción* hasta que se convierta en un *deleite*.

EL VALOR DE LA REPETICIÓN

Mis hijos eran pequeños y les estábamos enseñando buenos modales de diferentes maneras para que aprendieran a comportarse frente a los demás. Cuando alguien les daba algún regalo, los mirábamos y les decíamos: «¿Cómo se dice...?». Ellos recordaban lo que ya les habíamos enseñado, miraban a la persona y le decían: «¡Gracias!». No recuerdo cuántas veces hicimos eso, porque parecía que cada vez que la escena se repetía era preciso recordarles y repetirles: «¿Cómo se dice...?».

Aunque Dios se reveló a Su pueblo y les pidió que practicaran una serie de rituales que para el mundo contemporáneo podían parecer anticuados u obsoletos, cada uno de esos rituales y mandamientos llevaban una razón sabia y un motivo amoroso detrás porque Dios nunca pidió al pueblo que hiciera algo por capricho o por accidente; todo tenía una razón y una intencionalidad divina. Presta atención a lo que Dios le pide al pueblo en este pasaje:

«¡Escucha, Israel! El SEÑOR es nuestro Dios, solamente el SEÑOR. Ama al SEÑOR tu Dios con todo tu corazón, con toda tu alma y con todas tus fuerzas. Debes comprometerte con todo tu ser a cumplir cada uno de estos mandatos que hoy te entrego. *Repíteselos a tus hijos una y otra vez.* Habla de ellos en tus conversaciones cuando estés en tu casa y cuando vayas por el camino, cuando te acuestes y cuando te levantes. Átalos a tus manos y llévalos sobre la frente como un recordatorio. Escríbelos en los marcos de la entrada de tu casa y sobre las puertas de la ciudad». (Deut. 6:4-9, NTV, énfasis añadido)

Dios le está diciendo básicamente al pueblo: «¡Escucha, aprende quién soy yo y repíteselo a tus hijos una y otra vez!». Así como para mí era preciso recordarles a mis hijos que debían ser agradecidos, Dios sabía que Su pueblo necesitaba recordar una y otra y otra vez Su carácter y Sus propósitos perfectos para con Su pueblo. El libro de Deuteronomio está repleto de recomendaciones sobre recordar y no olvidar:

> Por tanto, cuídate y guarda tu alma con diligencia, *para que no te olvides* de las cosas que tus ojos han visto, y no se aparten de tu corazón todos los días de tu vida; sino que las hagas saber a tus hijos y a tus nietos. (Deut. 4:9, énfasis añadido)

> *Recuerda* el día que estuviste delante del Señor tu Dios en Horeb… (Deut. 4:10, énfasis añadido)

> *Acuérdate* que fuiste esclavo en la tierra de Egipto, y que el Señor tu Dios te sacó de allí con mano fuerte y brazo extendido; por tanto, el Señor tu Dios te ha ordenado que guardes el día de reposo. (Deut. 5:15, énfasis añadido)

> … ten cuidado, *no sea que te olvides del Señor* que te sacó de la tierra de Egipto, de la casa de servidumbre. (Deut. 6:12, énfasis añadido)

> No tengas temor de ellas; *recuerda bien* lo que el Señor tu Dios hizo a Faraón y a todo Egipto. (Deut. 7:18, énfasis añadido)

> Pero *acuérdate del Señor tu Dios*, porque Él es el que te da poder para hacer riquezas, a fin de confirmar Su pacto,

el cual juró a tus padres como en este día. (Deut. 8:18, énfasis añadido)

Si en algún momento de tu vida has intentado aprender a tocar un instrumento de música, entonces entenderás fácilmente por qué Dios hacía tanto énfasis en recordar una y otra vez. Para aprender, hay que practicar, y para hacerlo, hay que recordar y repetir, recordar y repetir, una y mil veces.

Mike Cosper dice que «casi todo lo que hacemos que es importante para nosotros se aprende a través de la práctica. Nadie se sienta con un violonchelo e inmediatamente toca la Suite N.º 1 para violonchelo de Bach. Se necesitan años de práctica para cultivar el sentido de la entonación y el tiempo, la fuerza de la mano y la sensibilidad al tacto, sin mencionar los rudimentos básicos de la lectura y el estudio de la música. Esta necesidad de tiempo y práctica es cierta para lograr cualquier habilidad humana, ya sea hablar en público, nadar y desarrollar una creatividad de todo tipo. Para aprender cualquiera de estas destrezas, uno debe desarrollar hábitos y rutinas que lo hagan progresar»[2].

Las disciplinas espirituales son los hábitos de Jesús que están siendo practicados y repasados por nosotros, Sus discípulos.

Así como es importante para el estudiante de música estudiar la teoría musical y practicar constantemente la ejecución de dicha teoría, para el discípulo de Jesús es de suma importancia seguir estudiando el

---

[2] Cosper, Mike, *Rhythms of Grace: How the Church's Worship Tells the Story of the Gospel* (Wheaton, IL: Crossway, 2013), edición para Kindle, 92-93.

carácter de Dios revelado en Su Palabra y ejercitarse en la práctica de la fe cristiana manifestada en nuestras acciones. La repetición para el cristiano es vital, y por eso llamamos a esa práctica constante «disciplinas espirituales». Se trata del repaso de la verdad sobre quién es Dios y quiénes somos nosotros en Él. Son los hábitos de Jesús que están siendo practicados y repasados por nosotros Sus discípulos, tal como lo señala John Mark Comer: «Cualquier hábito que veas en la vida o las enseñanzas del Maestro es una disciplina espiritual».[3] Adele Calhoun lo explica con las siguientes palabras:

> Las disciplinas espirituales son prácticas intencionales en las que abrimos espacio en nuestra vida para la adoración a Dios. Son disciplinas en las que sometemos nuestro cuerpo a ritmos pacientes de gracia. Son maneras en las que desaceleramos nuestra alma ante Dios.[4]

NUESTRAS DISCIPLINAS SON LITURGIAS

> Por tanto, hermanos, les ruego por las misericordias de Dios que presenten sus cuerpos como sacrificio vivo y santo, aceptable a Dios, que es el culto racional de ustedes. Y no se adapten a este mundo, sino transfórmense mediante la renovación de su mente, para que verifiquen cuál es la voluntad de Dios: lo que es bueno y aceptable y perfecto. (Rom. 12:1-2)

---

[3] Comer, John Mark, *Vivir sin mentiras: Reconoce y resiste a los tres enemigos que sabotean tu paz* (Barcelona: España, Origen, 2022), edición para Kindle, 109.

[4] Calhoun, Adele Ahlberg, *Spiritual Disciplines Handbook: Practices That Transform Us* (Downers Grove, IL: InterVarsity Press, 2015), edición para Kindle, 20.

Generalmente, cuando escuchamos la palabra *liturgia*, lo que viene inmediatamente a nuestra mente es un servicio tradicional en una catedral, con música de órgano y un coro que entona himnos antiguos. La realidad es que la palabra *liturgia* significa simplemente «la obra del pueblo», es decir, *la ofrenda que el pueblo le presenta a Dios.* Toda iglesia tiene una liturgia, en donde cada elemento o cada una de las partes del servicio de adoración constituye una de esas *obras del pueblo* o elementos de adoración con los cuales el pueblo de Dios le está ofreciendo adoración al Señor. A eso se refiere Pablo cuando exhorta a los cristianos de Roma a presentarse como sacrificio vivo ante Dios porque ese es el culto racional o la liturgia del pueblo a Dios. Sin embargo, el llamado de Pablo en ese contexto es a vivir como sacrificio vivo, no solo cuando el pueblo de Dios se reúne, sino en la rutina diaria de la vida de cada creyente.

David Peterson explica que la entrega de nosotros mismos en sacrificio vivo, santo, agradable a Dios implica servirle dentro de todo un espectro de relaciones y responsabilidades: «Cuando los cristianos se preocupan por ofrecer a Dios una adoración aceptable en un contexto congregacional y, por tanto, de los detalles de los cultos religiosos, es necesario recordarles que el centro de atención para Pablo estaba en el servicio de la vida cotidiana».[5]

Así como en la antigüedad alguien podía ver tu devoción a Dios manifestada en la ofrenda que traías al templo, hoy la gente ve tu devoción a Él también en la manera que traes tu ofrenda... ¡Solo que esa ofrenda eres *tú mismo*! Los hábitos en nuestra rutina diaria son nuestra liturgia de adoración a Dios.

---

[5] David Peterson, *En la presencia de Dios: Una teología bíblica de la adoración* (Barcelona, España: Editorial Andamio, 2003), edición para Kindle, 186.

Tish Harrison Warren lo explica de la siguiente manera:

> La primera actividad de mi día, el primer paso que di, no fue
> el de ser una consumidora, sino el de ser colaboradora de
> Dios. En lugar de ir a mi dispositivo para mi dosis matutina
> de entretenimiento instantáneo, toqué con mis manos la
> suavidad de nuestras gastadas sábanas de algodón arru-
> gado, me paré y sentí la madera dura bajo mis pies descal-
> zos. En la historia de la creación, Dios entró en el caos e hizo
> orden y belleza. Al hacer mi cama, reflejé ese acto creativo
> de la manera más diminuta y ordinaria. En mi pequeño caos,
> traje un poco de orden.[6]

Todo lo que hacemos en nuestra rutina diaria, cada hábito, disciplina y pensamiento se convierten en elementos de nuestra liturgia en
el servicio de adoración que ofrecemos a Dios diariamente a través de
la forma en que:

- Administramos nuestro tiempo buscando dejar la insensatez,
  caminando con sabiduría y aprovechando el tiempo (Ef. 5:15-16).
- Cuidamos nuestro cuerpo físico como templo del Espíritu Santo
  y propiedad de Dios (1 Cor. 6:19).
- Cultivamos nuestras emociones y reconocemos que necesitamos aprender de Jesús, quien es manso y humilde de corazón
  (Mat. 11:29).
- Cuidamos nuestra mente al meditar en todo lo que es de valor
  para el Señor (Fil. 4:8).

---

[6] Tish Harrison Warren, *Liturgy of the Ordinary: Sacred practices in everyday life*
(Downers Grove, IL: InterVarsity Press, 2016), edición para Kindle, 28.

Una vez más, John Mark Comer nos recuerda:

Lo que capta nuestra atención determina la persona en la que nos convertimos. Nos transformamos en aquello que pensamos. La totalidad de nuestras elecciones sobre entretenimiento, nuestros hábitos de lectura, nuestro tiempo ante las pantallas y nuestras fuentes de noticias son fundamentales para formarnos espiritualmente a la imagen de Jesús (o deformarnos a la imagen del diablo).[7]

Cuando Dios nos llama a ser santos en toda nuestra manera de vivir, nos está llamando a ser diferentes al evitar adaptarnos a este mundo y transformarnos mediante la renovación de nuestra mente.

TODA LITURGIA CUENTA UNA HISTORIA

Comenzamos este capítulo enfatizando la importancia de los hábitos y haciendo la observación de que lo que distingue a una rutina de una disciplina es la orientación o postura del corazón. Dios le dio al pueblo de Israel una serie de rituales o de hábitos que ellos debían practicar para contemplar el carácter de Dios al recordarlo y evitar olvidarlo. Pero ¿acaso puede una disciplina espiritual convertirse en una rutina fría y vacía? La respuesta es sí, y eso mismo le pasó al pueblo de Israel en más de una ocasión. La reprensión del profeta Amós nos presenta una de ellas:

El Señor dice: «Yo odio las fiestas religiosas con que ustedes pretenden honrarme; para nada me agradan sus homenajes llenos de tanta pompa. No aceptaré sus ofrendas de

---

[7] John Comer, *Vivir sin mentiras,* edición para Kindle, 117.

animales ni de cereales; tampoco miraré el sacrificio ritual de sus novillos gordos que me dan como medio de reconcilia-ción. ¡Fuera con sus cantos de homenaje, pues son un mero ruido a mis oídos! Yo no escucharé su música, no importa cuán hermosa sea». (Amós 5:21-23, NBV)

Cuando leemos estas palabras de juicio de parte de Dios al pueblo a través del profeta, nos damos cuenta de cuán fácil es para nosotros convertir una disciplina viva en una rutina muerta. El pueblo de Israel había perdido la esencia de su devoción; se habían quedado religiosamente con sus hábitos, pero se habían olvidado de la razón por la cual practicaban esos hábitos. Entonaban canciones de alabanza, pero sus corazones estaban secos espiritualmente. Celebraban servicios para el Señor, pero seguían manteniendo escondidos a sus ídolos. Le traían ofrendas y sacrificios a Dios, pero eran deshonestos e injustos los unos con los otros. Debemos ser diligentes y reconocer que lo que le pasó al pueblo de Israel fácilmente nos puede pasar a nosotros. Podemos seguir practicando todos nuestros rituales de adoración y, a la vez, perder de vista a Aquel que es el objeto y el centro de nuestra adoración. Lucas Leys dice:

La adoración genuina es mucho más que cantarle a Dios palabras elogiosas con una música que apele a nuestros sentidos. La adoración genuina se desata cuando logramos ver nuestras heridas como pequeños rasguños en contraste con las heridas del corazón de Cristo en la cruz de Calvario.[8]

¿Cómo podemos asegurarnos de no perder de vista a Jesús como el centro de nuestra adoración? El apóstol Pedro dice que en Cristo ya se

---

[8] Lucas Leys, *Stamina: La virtud que transforma anhelos en logros* (Flower Mound, TX: e625, 2019), edición para Kindle, 75-76.

nos ha dado «todo cuanto concierne a la vida y a la piedad» (2 Ped. 1:3); es decir, que todo lo que necesitamos en nuestra vida para vivir agradando a Dios ya lo tenemos en Él. Además, Dios nos ha dado «preciosas y maravillosas promesas», a fin de que lleguemos a ser «partícipes de la naturaleza divina» (2 Ped. 1:4), pareciéndonos más y más a Jesús día a día. Luego, Pedro describe detalladamente una serie de virtudes que nos invita a edificar con diligencia sobre el fundamento de nuestra fe:

> Por esta razón también, obrando con toda diligencia, añadan a su fe, virtud, y a la virtud, conocimiento; al conocimiento, dominio propio, al dominio propio, perseverancia, y a la perseverancia, piedad, a la piedad, fraternidad y a la fraternidad, amor.
>
> Pues estas virtudes, al estar en ustedes y al abundar, no los dejarán ociosos ni estériles en el verdadero conocimiento de nuestro Señor Jesucristo. (2 Ped. 1:5-8)

Es como si el apóstol nos estuviera entregando una rutina para hacer ejercicio y nos estuviera enseñando la forma en que debemos entrenarnos diariamente, llamándonos a practicar el carácter de Jesús en nuestra vida cotidiana. Necesitamos cultivar virtud sobre el fundamento de la fe. Sobre eso debo seguir creciendo en conocimiento de Dios y de Su Palabra.

También necesitamos cultivar la práctica del dominio propio a cualquier precio, aunque no nos guste. Luego debemos añadir la práctica de la perseverancia diariamente y sobre todo eso, ejercitarnos en la piedad, cultivar el hábito de la fraternidad y ejercer la disciplina del amor. Pedro concluye afirmando que no estaremos ociosos ni sin fruto si practicamos estas virtudes.

David Peterson dice que «la predicación del evangelio está diseñada para producir un estilo de vida consagrado que permita a los creyentes glorificar a Dios, con palabras y obras, cuando y dondequiera que sea posible».[9]

La razón por la cual una disciplina viva y apasionada se vuelve una rutina fría y vacía es que hemos quitado la vista del galardón. De repente, nos enfocamos únicamente en la dificultad de la tarea y perdemos de vista el gozo del Maestro, quien es la esencia de la carrera y quien nos espera en la meta. El escritor de Hebreos lo expresa así:

> Por tanto, puesto que tenemos en derredor nuestro tan gran nube de testigos, despojémonos también de todo peso y del pecado que tan fácilmente nos envuelve, y corramos con paciencia la carrera que tenemos por delante, puestos los ojos en Jesús, el autor y consumador de la fe, quien por el gozo puesto delante de Él soportó la cruz, despreciando la vergüenza, y se ha sentado a la diestra del trono de Dios. Consideren, pues, a Aquel que soportó tal hostilidad de los pecadores contra Él mismo, para que no se cansen ni se desanimen en su corazón. (Heb. 12:1-3)

La carrera se corre con paciencia, con los ojos puestos en Jesús y en la promesa de que Él nos presentará en gloria. El instrumento se practica con perseverancia y a los pies del Maestro, quien escucha atentamente el avance de nuestra disciplina y quien ha prometido ser la audiencia única el día del recital.

¿Recuerdas el documental acerca del artesano hacedor de guitarras que me impactó de manera especial y que mencioné unos capítulos

---

[9] David Peterson, *En la presencia de Dios,* 186.

atrás? Hay una escena en particular en la que el artesano pone la guitarra recién armada en su estuche y le dice al entrevistador: «Ahora hay que dejar que esta guitarra repose por dos semanas, porque todavía se cree árbol».

¡Increíble! ¡Todavía se cree árbol! ¡Qué metáfora impresionante! ¡Esa guitarra soy yo! ¡Esa guitarra eres tú! Se nos olvida que nuestro Creador y Hacedor nos ha escogido, nos ha dado forma y nos ha armado aun hasta en los detalles más pequeños. Con suma paciencia ha ido obrando en este bello (y a veces doloroso) proceso del que olvidamos muchas veces que formamos parte. Él nos está haciendo instrumento vivos, nuevos y santos, pero nosotros —la mayoría de las veces— todavía nos creemos árbol. Esa es la lucha de todo cristiano: recordar y luego olvidar.

Por eso necesitamos ejercitarnos en las disciplinas espirituales, porque todos los días necesitamos volver a practicar el ser como Jesús, necesitamos el hábito de recordarnos el evangelio una y otra vez. Esa es la razón por la que Pablo le dijo a Timoteo: «No dejes de recordar a Jesucristo» (2 Tim. 2:8, NVI).

CAPÍTULO 10

La última comunidad creativa

*El fin de todo esto es que
la sabiduría de Dios,
en toda su diversidad, se dé a conocer ahora,
por medio de la iglesia.*
EFESIOS 3:10, NVI

LA PELÍCULA *CHILDREN OF MEN*,[1] dirigida por el mexicano Alfonso Cuarón, es considerada una de las mejores obras cinematográficas de ciencia ficción de los últimos treinta años. La película se desarrolla en Londres en el año 2027 y cuenta la historia de un futuro donde los seres humanos han perdido misteriosamente la capacidad de reproducirse y se encuentran en peligro inminente de extinción. La persona más joven de la tierra acaba de morir y el planeta entero experimenta una pérdida de esperanza colectiva. La trama se desenvuelve en medio de un gobierno totalitario, activistas que se levantan en rebelión y un éxodo migratorio masivo como nunca se había visto antes en la historia de la humanidad.

---

[1] Conocida en América Latina como *Niños del hombre*, y en España como *Hijos de los hombres*.

El protagonista recibe de pronto la tarea de conseguir permisos de tránsito que le permitan trasladar a una mujer joven y cuidarla a toda costa en el camino. No le toma mucho tiempo darse cuenta de por qué esta joven mujer debe ser trasladada en secreto. La razón es su embarazo milagroso, y por eso debe ser protegida de aquellos con intereses contrarios, que buscarán interceptarla, porque su bienestar representa el futuro de toda la humanidad.

Esta película de ciencia ficción nos recuerda dos realidades muy importantes. La primera es el temor universal ante la idea de que un día la humanidad desaparezca y llegue el fin de la civilización humana. La segunda realidad es el anhelo profundo de esperanza y de un mejor mañana que lleva dentro toda persona viva en el planeta. La razón por la cual esta película me gustó tanto es que trata con esas dos realidades de manera honesta y creativa. Me conmovió sobremanera la imagen de una mujer inmigrante, quien llevaba dentro de ella la esperanza de la humanidad.

Suena familiar ¿no? Esa historia nos remonta al pasado, cuando hace más de 2000 años, una joven virgen embarazada realizaba un viaje difícil con su esposo a otra región del país mientras llevaba en su vientre al Salvador del mundo.

Por otro lado, también esta historia nos apunta a nuestro presente, al mundo en el que vivimos y que está cada vez más oscuro y antagónico, donde el ser humano se ha vuelto su propia amenaza al rechazar la verdad de Dios y entregarse por completo a sus pasiones, suprimiendo la verdad y torciendo los mandamientos y preceptos entregados por Dios. El mundo del siglo XXI ha perdido el rumbo en su necedad, avanza enceguecido por su rechazo a la verdad y se dirige hacia su propia destrucción. Sin embargo, todavía queda una mujer que lleva dentro de ella la esperanza de la humanidad. Podría decir que esa mujer es la iglesia, a quien se le ha encargado la proclamación de la verdad que da vida y la gracia que restaura.

UNA COMUNIDAD CREATIVA

De vez en cuando, escucho a alguien hacer esta declaración: «Yo no soy una persona creativa». Con mucha frecuencia, creemos que ser una persona creativa está relacionado con tener sensibilidades artísticas o habilidades en el área de las artes, como la música, el diseño gráfico o la poesía. La realidad es que la Biblia nos muestra que ser creativos es simplemente una respuesta de fe al llamado original de Dios de dar fruto en la creación. En ese sentido, todos somos creativos porque todos hemos sido llamados a dar fruto para la gloria de Dios. Ser creativos es crear, organizar o diseñar todo aquello que entendemos hace falta, ya sea para solucionar un problema, para facilitar nuestras actividades cotidianas o simplemente para embellecer la creación. Victor Papanek, un diseñador muy respetado, escribió:

Todos los hombres son diseñadores. Todo lo que hacemos la mayor parte del tiempo es diseñar, porque el diseño es básico para toda actividad humana. La planificación y normativa de todo acto dirigido a una meta deseada y previsible constituye un proceso de diseño. Diseñar es componer un poema, realizar un mural, pintar una obra maestra, componer un concierto. Pero diseñar es también limpiar y reorganizar el cajón de un escritorio, sacar una muela, hornear un pastel de manzana, organizar los equipos para un juego de béisbol y educar a un hijo. El diseño es el esfuerzo consciente de establecer un orden significativo.[2]

Los seres humanos somos diseñadores porque Dios es el Diseñador por excelencia. En los primeros versículos de Génesis, observamos cómo Dios habló y se hizo la luz, estableció orden en medio del caos y consideró que ese acto creativo que acababa de realizar era bueno (Gén. 1:1-4). Ese mismo pasaje nos muestra cómo el Espíritu Santo de Dios se movía sobre las aguas en medio del desorden, las tinieblas y el caos. En la Escritura, tenemos varios ejemplos en los que Dios está obrando para crear, dar vida, establecer orden y traer fruto. El Espíritu Santo toma un rol activo y primordial en todos ellos:

- El salmista nos dice que por el Espíritu de Dios todo ha sido creado y renovado (Sal. 104:30).
- Dios promete poner Su Espíritu en el pueblo de Israel para revivirlo y establecerlo (Ezeq. 37:14).
- El ángel le dice a María que el Espíritu Santo vendrá sobre ella y concebirá a Jesús, el Hijo de Dios (Luc. 1:35).
- Después de que Jesús fuera bautizado, los cielos se abrieron y el Espíritu Santo descendió como una paloma sobre Él (Mat. 3:16).
- Dios ungió a Jesús con el Espíritu Santo y con poder para que hiciera bien y sanara a todos los oprimidos por el diablo (Hech. 10:38).
- Todos estaban unánimes juntos cuando llegó el día de Pentecostés. Ese día, fueron llenos del Espíritu Santo (Hech. 2:1,4).

---

[2] Victor Papanek, *Design for the real world* (Nueva York, NY: Bantam Books, 1972), 23.

Dios el Padre llenó con Su Espíritu Santo a Su iglesia, le ha dado poder de lo alto para ser testigo a este mundo incrédulo y para llevar la vida del cielo dondequiera que vayamos. La iglesia es una comunidad creativa, no solo porque puede hacer obras artísticas de integridad y alto nivel, sino también porque entendemos que hacer arte es más que hacer simple propaganda religiosa. Por el contrario, se trata de crear y llevar la verdad y la belleza del cielo a cualquiera de las esferas de la sociedad adonde Dios nos ha enviado, y ser íntegros, honestos y excelentes en la manera en que trabajamos, servimos, dirigimos y creamos.

Pero más allá de ser una comunidad creativa al hacer arte, la somos también porque hemos conocido la *vida eterna* y ahora tenemos *vida*. Por lo tanto, nuestra misión es llevar precisamente esa *vida* a un mundo que se encuentra moribundo y lejos de Dios. Como la mujer de la película *Children of Men*, la iglesia lleva *vida* dentro de sí, y nuestro llamado es a cuidar esa vida, atesorarla y compartirla para así llenar de esperanza a esta sociedad afligida y temerosa. El tesoro más preciado de la iglesia es «Cristo *en ustedes*, la esperanza de gloria» (Col. 1:27).

UNA COMUNIDAD DE LA NUEVA CREACIÓN

El profeta Ezequiel tuvo un sueño bastante desconcertante sobre un valle lleno de huesos (Ezeq. 37). En ese sueño propiciado por Dios, el profeta veía un valle enorme lleno de huesos muy secos. De pronto, Dios le habla a Ezequiel y le pregunta: «¿Vivirán esos huesos?». A lo que Ezequiel responde: «Señor Dios, Tú lo sabes». Entonces, el Señor le ordena a Ezequiel: «Profetiza sobre estos huesos, y diles: "Huesos secos, oigan la palabra del Señor". [...] "Voy a hacer que en ustedes entre espíritu, y vivirán"» (vv. 1-5). Cuando Ezequiel hace lo que Dios le mandó, hay un gran estruendo y los huesos comienzan a juntarse, la carne se forma y la piel los cubre, «pero no había espíritu en ellos» (v. 8).

Dios le dice a Ezequiel que les hable una vez más para que ahora entre en ellos el espíritu. El profeta lo hace así y lo que había comenzado con un montón de huesos secos que después fueron cubiertos de carne y piel, ahora, al haber entrado en ellos el espíritu, se convierten en un gran ejército. Dios entonces le dice a Ezequiel que estos huesos son Su pueblo Israel que había perdido toda esperanza. Entonces le ordena decirles estas palabras:

«Así dice el Señor Dios: "Voy a abrir sus sepulcros y los haré subir de sus sepulcros, pueblo Mío, y los llevaré a la tierra de Israel. Y sabrán que Yo soy el Señor, cuando abra sus sepulcros y los haga subir a ustedes de sus sepulcros, pueblo Mío. Pondré Mi Espíritu en ustedes, y vivirán, y los estableceré en su tierra"». (Ezeq. 37:12-14)

Lo que necesitaba este pueblo era que entrara el Espíritu, para que pudieran salir de sus sepulcros y levantarse como un ejército poderoso. Este pueblo necesitaba una resurrección. El libro de Romanos dice: «si el Espíritu de Dios que levantó a Jesús de entre los muertos vive en [nosotros], él mismo dará vida a [nuestros] cuerpos mortales» (Rom. 8:11, NBV).

La resurrección de Jesucristo de entre los muertos lo cambió todo, porque vino para matar a la muerte y dar vida a los que estábamos muertos. Su resurrección vino a completar la obra de arte de redención que Dios había comenzado en la creación justo después de la caída y que ahora, con la resurrección de Cristo, es mostrada en todo su esplendor y poder.

La iglesia no solo es una comunidad creativa, sino que también es la comunidad de la nueva creación y la resurrección. El apóstol Pedro escribió que «según Su gran misericordia, nos ha hecho nacer de nuevo a una esperanza viva, mediante la resurrección de Jesucristo de entre los muertos» (1 Ped. 1:3). Dicho de otra manera, si no hubiera sido por la resurrección de Jesús, no tendríamos una esperanza verdadera, porque lo que llamaríamos esperanza sería solo una ilusión muerta.

Jesús es la cabeza de la iglesia y el primogénito de entre los muertos (Col. 1:18). Él fue el primero que resucitó, pero no fue el único, sino que todo Su pueblo ha resucitado con Él a vida eterna. Por causa de la resurrección de Jesús, la iglesia tiene una esperanza viva y una certeza eterna. Sabemos que la creación no está a la deriva, sino que Dios tiene todo el control. Sabemos que al final la creación no tendrá un futuro incierto, sino que el futuro será ciertamente glorioso para el pueblo de Dios.

La iglesia sabe cómo termina la historia y tiene la misión de compartir esa noticia con el mundo. La iglesia es la evidencia de la nueva creación porque es el ejemplo tangible del impacto de la resurrección en la vida cotidiana de los creyentes. Steven R. Guthrie lo explica de la siguiente manera con respecto a la visión de Pablo con respecto a la iglesia:

> Pablo ve en la iglesia la realización del propósito de Dios al crear a la humanidad. Todo tipo de barrera social se deja de lado cuando judíos y gentiles, hombres y mujeres, ricos y pobres, se unen como una sola comunidad en Cristo, a través del Espíritu. La iglesia es un acto divino de re-creación. Dios da muerte a las divisiones y la hostilidad, la separación y la violencia que tanto han corrompido la creación de Dios. En la iglesia se crea una nueva humanidad, y esta

humanidad vuelve a ocupar el lugar de honor del portador de la imagen de Dios. El plan eterno de Dios para crear a la humanidad a Su propia imagen ahora se ha realizado. En la iglesia, la imagen de Dios es nuevamente una declaración del carácter, la sabiduría y el poder de Dios.[3]

Esa es la razón por la que Pablo nos llama «embajadores de Cristo» (2 Cor. 5:20). Si los creyentes somos embajadores de Cristo, entonces nuestras iglesias locales son embajadas del cielo y nuestros servicios de adoración son anticipos y degustaciones del cielo, donde los redimidos se deleitan y son afirmados en la fe y donde demuestran la vida de la nueva creación a sus familias y a sus comunidades. Cada vez que la iglesia se reúne, lo hace para *ensayar* la vida de la nueva creación en la tierra; es decir, cuando oramos y adoramos, estamos *ensayando* y recordando cómo nos relacionamos con Dios, y practicando una y otra vez cómo nos relacionaremos con Él en gloria.

Cuando nos servimos, amamos y perdonamos unos a otros como hermanos, estamos *ensayando* los hábitos que Jesús nos enseñó que practicáramos y, a la vez, estamos cultivando una y otra vez las actitudes del reino de los cielos para cuando Dios nos llame a vivir por siempre en gloria. Cada celebración de la iglesia, es un ensayo del cielo.

Todo lo anterior me recuerda una antigua canción de Charlie Peacock que, refiriéndose a la iglesia, expresaba:

No importan tus circunstancias
Puedes ser rico, o puedes ser pobre.
Aun así, tu corazón tiene hambre de amor

---

[3] Steven R. Guthrie, *Creator Spirit, The Holy Spirit and The Art of becoming Human* (Grand Rapids, MI: Baker Academic, 2011), 76-77.

Porque una vez que lo has probado
Tienes más hambre aún.
A mí me pasa igual,
Tengo esa misma hambre todo el tiempo.
¿Tienes suficiente como para compartir conmigo?
Yo también te compartiré del mío.

Así que dame un abrazo, que yo también te abrazaré.
Salúdame con un beso santo, que yo también te saludaré.
Oh, no me sueltes y no me quites la vista,
Porque no hay lugar más cerca del cielo
que estar aquí juntos esta noche.

Dios no se esconde en algún lugar lejano
Mirando desde la distancia, como dirían algunos.
Dios, en Su misericordia, está aquí,
Conquistando con Su amor nuestro dolor,
Trayéndonos la esperanza de un mañana.
Él es el amor en este lugar.
Él es la sonrisa en nuestros rostros.
Porque no hay lugar más cerca del cielo
que estar aquí juntos esta noche.[4]

UNA COMUNIDAD DE GRACIA Y VERDAD

Cuando Dios le dio instrucciones específicas a Moisés sobre cómo se debía construir el tabernáculo en el desierto, Dios llamó a diseñadores

---

[4] Charlie Peacock, *No Place Closer to Heaven,* 1988 © Sony/ATV Music Publishing LLC.

que Él mismo había escogido y que había capacitado por Su Espíritu Santo:

> ... Moisés dijo a los israelitas: «Miren, el SEÑOR ha llamado por nombre a Bezalel, hijo de Uri, hijo de Hur, de la tribu de Judá. Y *lo ha llenado del Espíritu de Dios* en sabiduría, en inteligencia, en conocimiento y *en toda clase de arte*, *para elaborar diseños*, para trabajar en oro, en plata y en bronce, y en el labrado de piedras para engaste, y en el tallado de madera, y para trabajar en toda clase de obra ingeniosa. También le ha puesto en su corazón el don de enseñar, tanto a él como a Aholiab, hijo de Ahisamac, de la tribu de Dan. *Los ha llenado de habilidad* para hacer toda clase de obra de grabador*, de diseñador* y de bordador en tela azul, en púrpura y en escarlata y en lino fino, y de tejedor; capacitados para toda obra *y creadores de diseños*». (Ex. 35:30-35, énfasis añadido)

En el tercer capítulo, hablé de cómo Dios escogió ese tabernáculo como un lugar donde deseaba revelar Su gloria al resto del pueblo. Dios llamó a Moisés para que cumpliera esa labor como líder del pueblo y a través de quien les había dado las tablas de la ley, es decir, los Diez Mandamientos. Moisés era *portador de la verdad* de Dios, pero Bezalel y Aholiab eran servidores que diseñaban con belleza. Ellos eran, por decirlo de alguna manera, *agentes de gracia*.

También mencioné que, mientras el pueblo de Israel transitaba por el desierto, Dios escogió revelar Su gloria en el tabernáculo. Sin embargo, posteriormente Dios llegaría a manifestar Su gloria de manera perfecta y plena en Jesucristo, a quien Juan describiría como «lleno de gracia y verdad» (Juan 1:14).

Cuando Jesús ascendió a los cielos, prometió a Sus discípulos que enviaría el Espíritu Santo, el Consolador, quien los guiaría a toda verdad y les haría saber lo que habría de venir (Juan 16:13). Así como Dios manifestó la gloria de Su nombre a través de la proclamación de la verdad y la gracia, es tarea de la iglesia mostrar la firmeza de la verdad manifestada en la belleza de la gracia.

Así como Dios manifestó la gloria de Su nombre a través de la proclamación de la verdad y la gracia, es tarea de la iglesia mostrar la firmeza de la verdad manifestada en la belleza de la gracia.

El arte o la belleza no tienen en sí mismos el poder para traer salvación. Necesitamos la verdad de Dios revelada en el evangelio para recibir salvación. Pero, al mismo tiempo, la verdad, cuando es expresada sin gracia o sin belleza, se vuelve fría y distante. Por lo tanto, es imperativo que, como parte de nuestra misión creativa de llevar vida a un mundo perdido, lo hagamos con toda gracia y verdad. Como lo expresó el apóstol Pablo, nosotros debemos hablar «la verdad en amor» (Ef. 4:15).

En los últimos años, la sociedad ha perdido la confianza en las instituciones que nos solían hablar con verdad. Hubo un tiempo en el que podías esperar de manera razonable que los medios de comunicación, las instituciones educativas o las organizaciones médicas te hablaran con la verdad. Todos nos hemos dado cuenta de que las cosas han cambiado. Los medios de comunicación manipulan la información, las instituciones educativas comprometen sus valores y las organizaciones médicas han desechado la biología y la razón para dar paso a ideologías y filosofías humanistas y destructivas.

Pareciera que hoy en día, el último lugar en la sociedad donde todavía existe un compromiso con la verdad es «la iglesia del Dios vivo, columna y sostén de la verdad» (1 Tim. 3:15). Sin embargo, no podemos olvidar la gracia mientras con energía defendemos la verdad. Tal como Pablo les dijo a sus discípulos de Filipos: «La bondad de ustedes sea conocida de todos los hombres» (Fil. 4:5).

Klyne Snodgrass lo explica con las siguientes palabras:

> La gracia siempre trae consigo responsabilidad; nunca es únicamente privilegio. Todo aquel que ha recibido gracia ha de extenderla a los demás. Recibir gracia significa haber sido «contratado» en Su servicio. La gracia conecta, enrola y capacita. No nos permite ser pasivos, puesto que es el poder de Dios en acción en nosotros. Esta es la teología de la gracia que la iglesia ha de recuperar.[5]

La antigua oración de Francisco de Asís capta en gran medida el deseo de ser una comunidad de gracia y verdad:

> Señor, hazme un instrumento de tu paz.
> Donde haya odio, permíteme sembrar amor;
> donde haya daño, perdón;
> donde haya duda, fe;
> donde haya desesperación, esperanza;
> donde haya oscuridad, luz;
> donde haya tristeza, alegría.
> Oh, divino Maestro, permite que no busque tanto
> ser consolado, sino consolar,

---

[5] Klyne Snodgrass, *Comentario bíblico con aplicación, NVI, Efesios* (Nashville, TN: Editorial Zondervan, 1996), edición para Kindle, 249.

ser entendido, sino entender,

ser amado, sino amar.

Porque cuando damos, recibimos,

cuando perdonamos, recibimos perdón,

cuando morimos, nacemos a la vida eterna.

Amén.[6]

UNA COMUNIDAD DE GLORIA

Hemos visto que, en la gran sinfonía universal de adoración, Dios ha sido amorosamente bueno al tomar la iniciativa y revelarse a Su creación. Aunque nosotros, en nuestra necedad y desobediencia, le dimos la espalda, Él continuó formándonos, puliéndonos y tallándonos tal como lo hace un artesano experto al fabricar su instrumento. Dios, como Artesano supremo, nos ha creado como instrumentos vivos para darle gloria solo a Él. Nuestro llamado es a mantenernos afinados a Su carácter mientras nos rendimos a Su voluntad, confiando en Su provisión y practicando día a día hábitos que lo honren, y cumpliendo con la misión creativa de llevar vida a un mundo perdido.

> **Nos mantenemos afinando nuestro sonido,
> practicando día a día el arte de honrar al Maestro,
> mientras esperamos la llegada de un día en
> que se realizará el gran recital.**

Somos instrumentos vivos y seguimos en proceso de desarrollo. Nos mantenemos afinando nuestro sonido, practicando día a día el arte de

---

[6] Traducción y adaptación de *Book of Common Worship,* atribuido a San Francisco de Asís, Presbyterian Church (Estados Unidos), 25.

honrar al Maestro, mientras esperamos la llegada de un día en que se realizará el gran recital. Será el día glorioso en que nuestro Maestro finalmente regresará por nosotros. Mientras tanto, cada vez que nos reunimos domingo a domingo, estaremos en un ensayo anticipatorio del gran recital en gloria. Perseveraremos recordando que para nuestra enseñanza se escribió todo lo que fue escrito en tiempos pasados, para que tengamos esperanza por medio de la paciencia y del consuelo de las Escrituras.

Anhelamos que el Dios de la paciencia y del consuelo nos conceda tener el mismo sentir unos con otros conforme a Cristo Jesús, para que unánimes, a una voz, glorifiquemos al Dios y Padre de nuestro Señor Jesucristo (Rom. 15:4-6).

En el supremo arte de formar instrumentos vivos no hay atajos, porque el camino del cristiano nunca es un camino fácil. Es como una puerta estrecha y como una senda angosta, y pocos son los que la hallan (Mat. 7:14). Pero es una senda que lleva a la vida, es un arte donde se muestra Su gloria. Cuando llegue el día del gran recital y el Maestro nos tome en Sus preciosas manos, como instrumentos vivos con nuestro corazón afinado por Su gracia, entonces enjugará Él todas nuestras lágrimas y todo habrá valido la pena, porque finalmente encontraremos nuestro propósito eterno al entonar en plena armonía con todos los santos y los ángeles:

«Digno eres, Señor y Dios nuestro,
de recibir la gloria y el honor y el poder,
porque Tú creaste todas las cosas, y por Tu voluntad existen y
fueron creadas». [...]

«Digno eres de tomar el libro y de abrir sus sellos,
porque Tú fuiste inmolado,

y con Tu sangre compraste para Dios
a gente de toda tribu, lengua, pueblo y nación.
Y los has hecho un reino y sacerdotes para nuestro Dios;
y reinarán sobre la tierra». […]

«El Cordero que fue inmolado es digno de recibir el poder,
las riquezas, la sabiduría, la fortaleza, el honor,
la gloria y la alabanza». […]

«Al que está sentado en el trono, y al Cordero, sea la alabanza,
la honra, la gloria y el dominio por los siglos de los siglos».
(Apoc. 4:11; 5:9-10,12-13)